Martin Menzel-Bösing

Das Kindeswohl schützen

Eine Aufgabe für Ärzte, Angehörige der Medizinalfachberufe und Lehrer

Martin Menzel-Bösing

Das Kindeswohl schützen

Eine Aufgabe für Ärzte, Angehörige der Medizinalfachberufe und Lehrer

Schulz-Kirchner Verlag

Bibliografische Information der Deutschen Nationalbibliothek

Die Deutsche Nationalbibliothek verzeichnet diese Publikation in der Deutschen Nationalbibliografie; detaillierte bibliografische Daten sind im Internet über http://dnb.d-nb.de abrufbar.

Besuchen Sie uns im Internet: www.schulz-kirchner.de

1. Auflage 2015
ISBN 978-3-8248-1147-2
eISBN 978-3-8248-9963-0

Mollweg 2, D-65510 Idstein
Vertretungsberechtigte Geschäftsführer:
Dr. Ullrich Schulz-Kirchner, Nicole Haberkamm
Titelfoto: © skatzenberger · fotolia.com
Fachlektorat: Reinhild Ferber
Lektorat: Doris Zimmermann
Umschlagentwurf und Layout: Petra Jeck
Druck und Bindung:
medienHaus Plump GmbH, Rolandsecker Weg 33, 53619 Rheinbreitbach
Printed in Germany

Inhaltsverzeichnis

Was haben Ärzte, Angehörige der Medizinalfachberufe und Lehrer mit dem Thema „Kinderschutz" zu tun?

Sicherlich haben Ärzte, Angehörige der Medizinalfachberufe (Physiotherapeuten, Ergotherapeuten, Logopäden/Sprachtherapeuten) und Lehrer schon immer einen fachlichen, berufsethischen und teilweise auch rechtlichen Auftrag, das Wohl der ihnen anvertrauten Kinder und Jugendlichen zu schützen.

Und in ganz vielen Fällen in der Praxis funktioniert das schon immer wunderbar.

Jedoch spätestens mit dem Inkrafttreten des neuen Bundeskinderschutzgesetzes, das seit dem 01.01.2012 gilt, ist das Thema „Kinderschutz" für Ärzte, die therapeutischen Berufe und für Lehrer auch im Sinne einer dezidierten rechtlichen Verpflichtung hochaktuell, weil damit eine gesetzliche Verpflichtung zum Kinderschutz incl. der zugehörigen Verfahrensabläufe geregelt wurde.

Das führt zu Verunsicherungen und großen Herausforderungen bei den Fachkräften.

- Was ist überhaupt eine Kindeswohlgefährdung?
- Ab wann darf ich handeln?
- Ab wann muss ich handeln?
- Wie verhalte ich mich fachlich richtig, um dem Kind oder Jugendlichen zu helfen?
- Welche Hilfen sind für betroffene Familien geeignet?
- Wie verhalte ich mich, um den rechtlichen Anforderungen des Bundeskinderschutzgesetzes zu entsprechen?
- Wann darf ich wen über was informieren?
- Wie gehe ich mit den Familien und Kindern und Jugendlichen um, bei denen ich eine Kindeswohlgefährdung vermute?
- Wie kann ich mich und meine eigene psychische Gesundheit in diesen manchmal hochgradig belastenden Fällen schützen?

Diese Fragen, die sich Fachkräfte möglicherweise stellen, sollen auf den folgenden Seiten beantwortet werden.

Dabei ist aber völlig klar, dass die Theorie das eine, die vertrackten Situationen der Einzelfälle das andere sind. Trotzdem ist ein fundiertes fachtheoretisches und rechtliches Wissen die unabdingbare Grundlage, um wirksam im Kinderschutz handeln zu können.

Nur so können Ärzte, Physiotherapeuten, Ergotherapeuten, Logopäden/Sprachtherapeuten und Lehrer der ihnen mit dem Bundeskinderschutzgesetz übertragenen erweiterten Verantwortung, eine wichtige Rolle im Kinderschutz zu spielen, gerecht werden.

Dieses Buch soll Sie in allererster Linie kompetent und unaufgeregt informieren und ermutigen, couragiert zu handeln – abseits medialer Diskussionen und viel Polemik in diesem Themengebiet.

Die neuen Verantwortlichkeiten bieten den betroffenen Kindern und Jugendlichen eine zentrale Chance, denn gerade Ärzte, Physiotherapeuten, Ergotherapeuten, Logopäden/Sprachtherapeuten und Lehrer

- haben eine gute Beziehung zu ihren kindlichen Patienten,
- kennen oft die familiären Hintergründe der Kinder und Jugendlichen,
- erleben Kinder und Jugendliche in direkter Interaktion, was diagnostische Möglichkeiten bietet,
- verfügen über medizinisches Fachwissen und/oder Wissen über die Entwicklung von Kindern und Jugendlichen.

Diese Chancen gilt es zu nutzen, um den Kinderschutz in Deutschland zu verbessern, der angesichts von vermutlich Hunderttausenden Fällen, die unerkannt bleiben, eine solche Weiterentwicklung dringend gebrauchen kann.

Was ist eine Kindeswohlgefährdung?

Der Begriff der „Kindeswohlgefährdung" ist sehr schwer zu definieren, da er als unbestimmter Rechtsbegriff zwar in unterschiedlichen gesetzlichen Regelungen verwendet wird, aber an keiner dieser Stellen genauer erläutert wird.

Das verunsichert Fachleute, denn die Frage, ab wann der Einzelne zur Intervention rechtlich verpflichtet ist, hängt entscheidend davon ab. Die Grundlage einer jeden Intervention ist schließlich immer das Vorliegen einer Kindeswohlgefährdung.

Um den Begriff der „Kindeswohlgefährdung" klarer zu bestimmen, helfen sozialwissenschaftliche Definitionen weiter, die entwicklungspsychologische Erkenntnisse als Grundlage haben, oder aber gerichtliche Entscheidungen, die sich mit dem Thema „Kindeswohl" beschäftigen.

In vielen Fällen ist die Frage „ob oder ob nicht?" klar: Bei Kindern, die schwer sexuell missbraucht werden, bei Kindern, die gefährlichen Mangel erleiden (z. B. an Nahrung), oder bei Kindern, die durch Misshandlungen schwer verletzt und in ihrer Entwicklung gefährdet werden, wird wohl niemand – auch keine Fachkraft und kein Gericht – daran zweifeln, dass es sich um eine Kindeswohlgefährdung handelt. Was ist aber mit den vielen Fällen, in denen die Situation nicht so eindeutig ist?

Beispiel

Grenzfall einer Kindeswohlgefährdung

Jana, 6 Jahre alt, ist äußerlich unversehrt, wird gut versorgt, leidet jedoch unter den sehr autoritären Erziehungsmaximen ihrer Eltern, die überhöhte Leistungsanforderungen an ihre Tochter richten und diesen auch mal mit Hausarrest oder Ohrfeigen Nachdruck verleihen, sollte Jana die Anforderungen, z. B. in der Schule oder bei der Logopädin, nicht erfüllen.

Ist das schon eine Kindeswohlgefährdung? Können Janas Eltern „gezwungen" werden, ihr Erziehungsverhalten zu ändern oder ist das zwar keine wünschenswerte Erziehung, aber noch hinzunehmen?

Fälle wie dieser zeigen, dass die Definition einer Kindeswohlgefährdung schwierig ist und immer vom Einzelfall und seinen Umständen abhängt.

Eine Annäherung an den Begriff des „Kindeswohls" und der „Kindeswohlgefährdung" kann über die kindlichen Grundbedürfnisse erfolgen. Denn eine Kindeswohlgefährdung stellt gleichzeitig auch immer eine schwerwiegende Nichtbeachtung oder Verletzung dieser kindlichen Grundbedürfnisse dar.

Welche Grundbedürfnisse haben Kinder und Jugendliche?

Kinder und Jugendliche haben das Recht auf eine gute individuelle, personale und soziale Entwicklung. Sowohl die UN-Kinderrechtskonvention als auch das Grundgesetz formulieren den Anspruch des Kindes, sich zu einer emotional stabilen, eigenständigen und sozialverantwortlichen Persönlichkeit entwickeln zu dürfen.

Diese kindlichen Bedürfnisse lassen sich in einer ersten Kategorisierung in drei übergeordnete Bereiche einteilen (Wiesner, 2006, in: Kindler et al., 2006, Kap. 1):

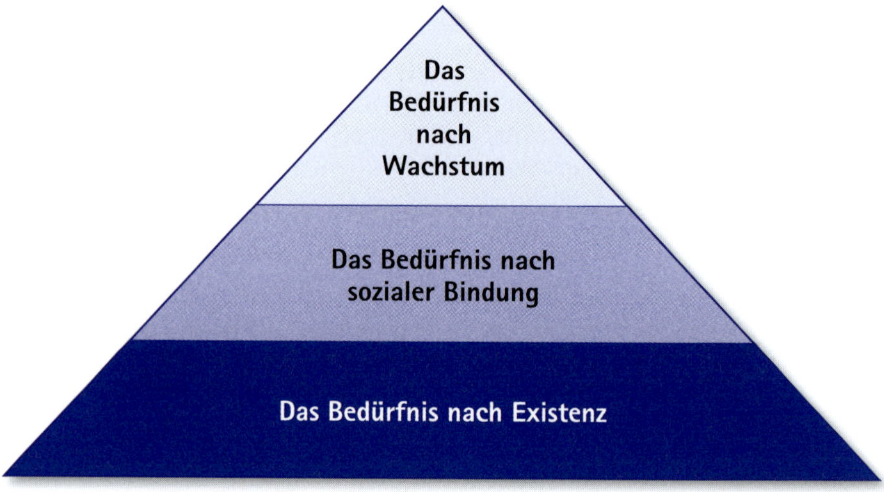

Das Bedürfnis nach Wachstum: *Kognitive, emotionale, ethische und soziale Anregungen und Erfahrungen. Das Kind braucht Anregungen, um sich aktiv und selbst motiviert mit seiner Umwelt auseinanderzusetzen, um so zentrale Fähigkeiten und Fertigkeiten ausbilden zu können, die für ein späteres Leben unverzichtbar sind.*

Das Bedürfnis nach sozialer Bindung: *Verlässliche und liebevolle Beziehungen zu erwachsenen Bezugspersonen, die durch Nähe, Empathie, Verfügbarkeit und Verlässlichkeit gekennzeichnet sein müssen. Mit zunehmendem Alter des Kindes oder Jugendlichen spielen dann auch entsprechende Beziehungen zu Gleichaltrigen eine wichtige Rolle.*

Das Bedürfnis nach Existenz: *Voraussetzungen zum Leben und Überleben des Kindes oder Jugendlichen. Sie beinhalten die Bereiche „körperliche Unversehrtheit des Kindes oder Jugendlichen", „Sicherheit des Kindes oder Jugendlichen" und „Versorgung des Kindes oder Jugendlichen".*

Das Deutsche Jugendinstitut hat eine hervorragend detaillierte Übersicht über die kindlichen Grundbedürfnisse entwickelt, die als erster Orientierungsrahmen zur Bewertung eines Einzelfalls hinsichtlich der Frage, ob das Kindeswohl gefährdet ist, dienen kann (Kindler et al., 2006, Anhang).

In dieser Systematik, die deutlich an Maslows Bedürfnispyramide angelehnt ist, werden folgende kindliche Grundbedürfnisse unterschieden:

Soziale, kognitive, emotionale und ethische Erfahrungen: *Altersentsprechende Anregungen, Spiel und Leistungen, Vermittlung von Werten und Normen, Gestaltung sozialer Beziehungen, Umwelterfahrungen, Förderung von Motivation, Sprachanregung, Grenzsetzung*

Wertschätzung: *Respekt vor der physischen, psychischen und sexuellen Unversehrtheit, Respekt vor der Person und ihrer Individualität, Anerkennung der (altersabhängigen) Eigenständigkeit*

Soziale Bindungen: *Konstante Bezugsperson, einfühlendes Verständnis, Zuwendung, emotionale Verlässlichkeit, Zugehörigkeit zu sozialen Gruppen*

Schutz und Sicherheit: Aufsicht, wetterangemessene Kleidung, Schutz vor Krankheiten, Schutz vor Bedrohungen innerhalb und außerhalb des Hauses

Physiologische Bedürfnisse: *Schlaf, Essen, Trinken, Wach- und Ruherhythmus, Körperpflege, Gesundheitsfürsorge, Körperkontakt*

Damit ist der Begriff der „Kindeswohlgefährdung" schon etwas genauer umrissen, denn jede Kindeswohlgefährdung ist eine Verletzung der genannten kindlichen Grundbedürfnisse. Aber noch nicht jede Verletzung oder Missachtung der Grundbedürfnisse ist auch eine Kindeswohlgefährdung.

Im Verdachtsfall einer Kindeswohlgefährdung ist es also immer sinnvoll, zunächst eine Abschätzung vorzunehmen, inwieweit die Grundbedürfnisse, die ja auch Grundrechte des Kindes oder Jugendlichen sind, erfüllt sind.

Um bei einem „komischen Gefühl im Bauch" der Fachkraft, mit dem ja so mancher Fall losgeht, genauer zu schauen, lohnt sich der Blick auf dieses Schema. Zur Klärung der Frage, was eine Kindeswohlgefährdung ist, kann dieses Schema jedoch nur einen ersten Eindruck ermöglichen.

Ab wann ist von einer „Gefährdung des Kindeswohls" auszugehen? Das Kindeswohl im Spannungsfeld zwischen elterlicher Freiheit und staatlicher Kontrolle

Man muss wissen, dass in Deutschland die Eltern einen Vorrang gegenüber staatlichen Organisationen und Maßnahmen bei der Erziehung ihrer Kinder haben. Man spricht in diesem Zusammenhang vom Elternrecht, das in Art. 6 Abs. 2 Satz 1 Grundgesetz (GG) Verfassungsrang hat.[1] Dort ist das sog. „Elternprimat" geregelt:

§

Das Elternrecht im Grundgesetz (GG): Artikel 6 GG

(1) Ehe und Familie stehen unter dem besonderen Schutze der staatlichen Ordnung.

(2) Pflege und Erziehung der Kinder sind das natürliche Recht der Eltern und die zuvörderst ihnen obliegende Pflicht. Über ihre Betätigung wacht die staatliche Gemeinschaft.

(3) Gegen den Willen der Erziehungsberechtigten dürfen Kinder nur auf Grund eines Gesetzes von der Familie getrennt werden, wenn die Erziehungsberechtigten versagen oder wenn die Kinder aus anderen Gründen zu verwahrlosen drohen.

(...)

Die Erziehung der Kinder ist somit gleichzeitig das Recht und die Pflicht der Eltern, man spricht folglich von der „Elternverantwortung für die Erziehung von Kindern". Diese Elternverantwortung wird eingeschränkt durch das sog. „Wächteramt des Staates".

§

Das Wächteramt des Staates über das Kindeswohl: Art. 6 Abs. 2 Satz 2 GG

Über ihre [gemeint sind die Eltern, Anm. des Verfassers] Betätigung wacht die staatliche Gemeinschaft.

Praktisch bedeutet dies, dass Eltern in der Gestaltung der Erziehung ihrer Kinder sehr weitreichende Freiheiten genießen, die nur dort an die Grenzen des Wächteramtes stoßen, wo das Wohl des Kindes durch elterliches Handeln (oder Nicht-Handeln) gefährdet wird – womit wir beim Begriff der „Kindeswohlgefährdung" angekommen wären.

1 Sie finden aktuelle Gesetzestexte unter: https://www.juris.de/jportal/nav/kostenfreieinhalte/infokostenfreieinhalte.jsp

Vereinfacht gesagt dürfen Eltern die Erziehung der Kinder eigenständig bestimmen und gestalten, solange hiervon keine erheblichen Gefahren für das Kind und seine Entwicklung ausgehen.

Es geht beim Wächteramt des Staates also gerade nicht darum, Kindern bestmögliche Entwicklungschancen zu ermöglichen, wenn sie diese im Elternhaus nicht bekommen, sondern lediglich darum, Kinder vor großen Gefahren zu schützen. Nur in diesem Fall ist eine Intervention des Staates auch gegen den Willen der Eltern möglich.

In einer weiteren Annäherung an den Begriff der „Kindeswohlgefährdung" ist also als nächster Schritt die Unterscheidung in zwei Bereiche vorzunehmen:

- Kindeswohlgefährdung im rechtlichen Sinne
- Kindeswohlgefährdung im pädagogischen Sinne

Kindeswohlgefährdung im rechtlichen Sinne

Hierunter wird eine Situation verstanden, die ein Eingreifen der zuständigen Stellen obligatorisch verlangt, um dem Kind zu helfen und die Situation abzustellen oder zumindest zu verbessern. Anders gesagt handelt es sich um Fälle, in denen Eltern oder andere Personen dem Kind so schaden, dass das „staatliche Wächteramt" greift und das Kind zu schützen ist (vgl. Art. 6 Abs. 3 GG). Dafür zuständig ist in erster Linie das Jugendamt (vgl. § 8a Sozialgesetzbuch [SGB] VIII) und ggf. danach das Familiengericht (vgl. § 1666 Bürgerliches Gesetzbuch [BGB]), aber auch Einrichtungen der Kinder- und Jugendhilfe, wie Kindertageseinrichtungen (vgl. § 8a Abs. 4 SGB VIII), und viele weitere Berufsgruppen wie Ärzte, Angehörige der Medizinalfachberufe (v. a. Physiotherapeuten, Ergotherapeuten und Logopäden/Sprachtherapeuten) oder Lehrer (vgl. § 4 Gesetz zur Kooperation und Information im Kinderschutz [KKG]/„Bundeskinderschutzgesetz").

Da das Elternrecht in Art. 6 GG ein stark geschütztes, verfassungsmäßiges Gut ist, haben der Gesetzgeber und die Rechtsprechung hohe Hürden an ein Eingreifen des Staates geknüpft.

In einer Entscheidung des Bundesgerichtshofs wird Kindeswohlgefährdung konkretisiert als „eine gegenwärtige, in einem solchen Maße vorhandene Gefahr, dass sich bei der weiteren Entwicklung eine erhebliche Schädigung [des Kindes, Anm. d. Verf.] mit ziemlicher Sicherheit voraussagen lässt." (vgl.: BGH, FamRZ 1956, S. 350ff).

Insofern sprechen wir im rechtlichen Sinne von einer Kindeswohlgefährdung, wenn drei Kriterien in einem Einzelfall zusammen erfüllt sind:

1. Eine gegenwärtig vorhandene Gefahr: Das bedeutet, dass das betroffene Kind aktuell einer Gefährdung ausgesetzt sein muss. Tatbestände aus der Vergangenheit, wie z.B. körperliche Gewalt gegen Kinder eines Elternteils aus einer früheren Beziehung, reichen hier nicht aus.

2. Eine Erheblichkeit der Schädigung: Es ist notwendig, nachzuweisen, dass von den Gefährdungstatbeständen eine erhebliche Schädigung für das Kind oder den Jugendlichen ausgeht. Damit kommen grundsätzlich nur schwerwiegende Tatbestände infrage. Elterliche Handlungen, wie gelegentliche Ohrfeigen, die zwar nach § 1631 BGB unter das Verbot von Gewalt in der Erziehung fallen, sind in aller Regel nicht ausreichend, um von einer erheblichen Schädigung auszugehen. Ferner sind die Bindung des Kindes oder des Jugendlichen an die Eltern und seine Resilienzfähigkeit zu beachten. Somit hat die Beurteilung dieses Aspekts immer im Einzelfall zu erfolgen.

3. Die Sicherheit der Vorhersage: Die von der Gefährdung des Kindes oder des Jugendlichen ausgehenden erheblichen Schäden für dessen weitere Entwicklung und für dessen späteres Leben müssen im Einzelfall mit „ziemlicher Sicherheit" vorhergesagt werden. Dabei konkurrieren sehr häufig die Gefährdung auf der einen und die Qualität der Bindung des Kindes oder des Jugendlichen an seine Eltern auf der anderen Seite. Nur wenn es gelingt, im Einzelfall fachlich fundiert nachzuweisen, dass die Vorhersage sicher ist, kommt eine gerichtliche Intervention infrage.

Lediglich bei Fällen, die die oben genannten Kriterien erfüllen, ist eine staatliche Intervention – auch gegen den Willen der Eltern – möglich.
Folgerichtig kommt das Oberlandesgericht Hamm zu der Einschätzung, dass sich das staatliche Wächteramt auf die Abwehr von Gefahren beschränkt. Es besteht kein Anspruch eines Kindes oder Jugendlichen auf optimale Förderung und Erziehung (vgl. OLG Hamm, FamRZ 2004, S. 1664ff).

Kindeswohlgefährdung im pädagogischen Sinne

In allen anderen Fällen, in denen kindliche Grundbedürfnisse nicht ausreichend erfüllt werden, die aber einer Überprüfung der dargestellten Hürden nicht standhalten, sprechen wir zwar weiterhin von einer Kindeswohlgefährdung, allerdings nicht mehr im rechtlichen Sinne.

Diese Fälle lassen sich recht gut durch zwei Kriterien eingrenzen (Harnach, 2011, S. 27f):

1. Es mangelt dem Kind oder Jugendlichen an Förderung zu einer eigenverantwortlichen und gemeinschaftsfähigen Persönlichkeit.
2. Es werden Grundrechte missachtet oder verletzt, die dem Kind oder Jugendlichen nach dem Grundgesetz zustehen.

Bei diesen Kindern und Jugendlichen und deren Eltern liegt sozusagen ein erhöhter pädagogischer Förderbedarf vor, der im Rahmen freiwilliger Beratung oder freiwilliger Annahme von Hilfsangeboten zu decken ist. Es gibt in diesen Fällen keine Möglichkeiten für eine zwangsweise Intervention staatlicher Stellen.

Grüner Bereich	Eltern erziehen und pflegen ihre Kinder ausreichend.
	Es ist keine Intervention nötig. Den Eltern stehen aber die allgemeinen Hilfsangebote (z. B. Erziehungsberatungsstellen, Elternkurse etc.) offen.
	Insbesondere Lehrer und Erzieher beraten alle Eltern hinsichtlich der Erziehung und Entwicklung ihrer Kinder.
Grauer Bereich (Leistungsbereich)	Eltern erziehen und pflegen ihre Kinder aus pädagogischer Sicht nicht ausreichend, aber die Kriterien einer Kindeswohlgefährdung im rechtlichen Sinne sind nicht erfüllt.
	Es ist keine zwangsweise Intervention möglich. Bei den Eltern soll darauf hingewirkt werden, dass sie ihr Erziehungsverhalten weiterentwickeln und die Standards ihrer Erziehung verbessern. Das soll insbesondere durch das Angebot von Hilfen für die betroffenen Eltern erreicht werden. Alle Interventionen und Hilfen beruhen auf Freiwilligkeit der Eltern.
	Einen rechtlichen Auftrag hierzu haben das Jugendamt und alle Einrichtungen und Dienste der Jugendhilfe. Einen fachlichen und berufsethischen Auftrag hierzu haben viele weitere Berufsgruppen, u. a. Ärzte und alle Medizinalfachberufe.

Roter Bereich (Kontrollbereich)	Eltern erziehen und pflegen ihre Kinder aus pädagogischer und rechtlicher Sicht nicht ausreichend, alle drei Kriterien einer Kindeswohlgefährdung im rechtlichen Sinne sind erfüllt.
	Es ist eine zwangsweise Intervention bis hin zu einem Sorgerechtsentzug und der Trennung des Kindes von seinen Eltern möglich. Allerdings greift zum einen der Grundsatz „Hilfe vor Eingriff", das bedeutet, dass auch in diesen Fällen die Kindeswohlgefährdung zunächst mittels Hilfsangeboten abgestellt werden soll und erst wenn diese scheitern, ein Eingriff in die Personensorge erfolgen kann. Und in diesem Fall gilt dann der Grundsatz „so wenig wie möglich". Es soll also immer der mildeste mögliche Eingriff in das elterliche Erziehungsrecht erfolgen.
	Einen rechtlichen und fachlichen Auftrag hierzu haben: ▪ das Jugendamt ▪ alle Einrichtungen und Dienste der Jugendhilfe (z. B. Kindertagesstätten) ▪ Ärzte ▪ Hebammen und Entbindungspfleger ▪ Angehörige eines anderen Heilberufes, der für die Berufsausübung oder die Führung der Berufsbezeichnung eine staatlich geregelte Ausbildung erfordert ▪ Berufspsychologen mit staatlich anerkannter wissenschaftlicher Abschlussprüfung ▪ Ehe-, Familien-, Erziehungs- oder Jugendberater ▪ Berater für Suchtfragen in einer Beratungsstelle, die von einer Behörde oder Körperschaft, Anstalt oder Stiftung des öffentlichen Rechts anerkannt ist ▪ Mitglieder oder Beauftragte einer anerkannten Beratungsstelle nach den §§ 3 und 8 des Schwangerschaftskonfliktgesetzes ▪ Staatlich anerkannte Sozialarbeiter oder staatlich anerkannte Sozialpädagogen ▪ Lehrer an öffentlichen und an staatlich anerkannten privaten Schulen

Beide Gefährdungsbereiche tangieren die Arbeit von Angehörigen medizinischer Berufe und von Lehrern. Im ersten Fall einer Kindeswohlgefährdung im rechtlichen Sinne sind Angehörige dieser Berufe zum Handeln verpflichtet (vgl. § 4 KKG und Kap. „Wer macht was im ‚System Kinderschutz' in Deutschland?").

Im anderen Fall einer Kindeswohlgefährdung im pädagogischen Sinne gehört es (hoffentlich?!) zu den fachlichen und ethischen Standards dieser Berufsgruppen, Eltern hinsichtlich einer gelingenden Entwicklung ihres Kindes zu beraten und auf sie einzuwirken.

Zusammenfassung

- Das Elternrecht genießt einen hohen Stellenwert in Deutschland. Eingriffe sind an sehr hohe Hürden geknüpft.
- Man unterscheidet den Bereich der Kindeswohlgefährdung im rechtlichen Sinne vom Bereich der Kindeswohlgefährdung im pädagogischen Sinne.
- Die Bewertung, ob eine Kindeswohlgefährdung vorliegt, ist immer im Einzelfall unter Einbeziehung von Gefährdungs- und von Schutzfaktoren des Kindes oder Jugendlichen vorzunehmen.

Welche Formen der Kindeswohlgefährdung gibt es?

Nachfolgend werden die einzelnen Formen einer Kindeswohlgefährdung hinsichtlich ihrer Ursachen, ihrer Erscheinungsformen, ihrer Folgen für die Opfer und besonders hinsichtlich ihrer erkennbaren (diagnostischen) Merkmale vorgestellt.

Es gibt fünf verschiedene Formen einer Kindeswohlgefährdung, wobei in vielen Fällen sowohl mehrere Formen zusammenkommen als auch Graubereiche an den Schnittstellen der einzelnen Formen existieren.

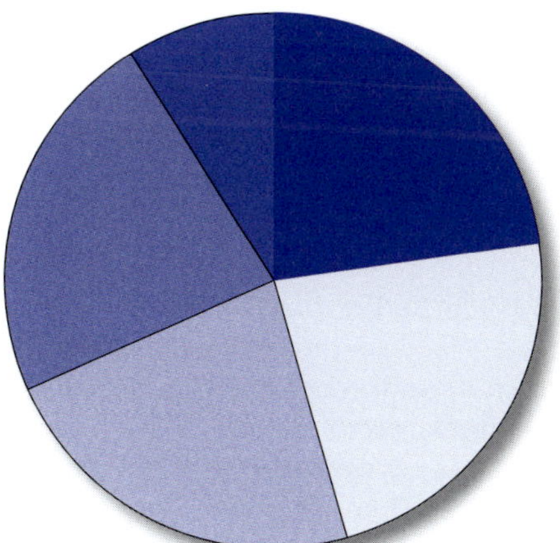

- **Körperliche Misshandlung von Kindern und Jugendlichen**
- **Psychische Misshandlung von Kindern und Jugendlichen**
- **Vernachlässigung von Kindern und Jugendlichen**
- **Sexueller Missbrauch von Kindern und Jugendlichen**
- **Das Münchhausen-Stellvertreter-Syndrom (auf das hier nicht weiter eingegangen wird)**

Bevor auf die einzelnen Formen der Kindeswohlgefährdung genauer eingegangen wird, hier einige Feststellungen, die für das Thema „Kindeswohlgefährdung" Allgemeingültigkeit haben:

- Kindeswohlgefährdung kommt sehr häufig in Deutschland vor. Hunderttausende Kinder und Jugendliche sind betroffen – auch wenn es durch das Fehlen einer amtlichen Statistik an offiziellen Zahlen mangelt.
- Kindeswohlgefährdung tritt überwiegend im sozialen Nahbereich auf, das heißt in der Familie, im Bekanntenkreis der Familie oder in vertrauter Umgebung, z. B. in Schulen oder anderen pädagogischen Einrichtungen. Täterinnen und

Täter[1] sind insofern meistens Vertrauenspersonen des Kindes oder Jugendlichen, was die Taten in einem noch belastenderen Kontext erscheinen lässt.

- Kindeswohlgefährdungen stellen Verletzungen der Grundrechte von Kindern und Jugendlichen dar, vor allem der Menschenwürde (Art. 1 GG), des Rechts auf Leben und körperliche Unversehrtheit (Art. 2 GG) oder des Rechts auf Entfaltung der eigenen Persönlichkeit (Art. 2 GG).

- Kindeswohlgefährdungen führen bei den meisten Opfern zu massiven Folgen. Psychosoziale Einschränkungen, körperliche und psychische Erkrankungen oder gar Behinderungen sowie Traumatisierungen verfolgen die Opfer oft ein Leben lang. Im schlimmsten Fall enden Kindeswohlgefährdungen mitunter auch tödlich.

- Kindeswohlgefährdung ist trotz der zunehmenden medialen Berichterstattung und hochkochender Diskussionen in der Öffentlichkeit im Einzelfall stark tabuisiert. Das führt dazu, dass selbst Kindern und Jugendlichen, die aktiv nach Hilfe suchen, diese oft verwehrt wird – sei es aus Angst oder Unwissenheit der damit konfrontierten Erwachsenen.

- Kindeswohlgefährdungen stellen oft auch Straftaten dar, die aber nur in den seltensten Fällen strafrechtlich verfolgt werden. Die oftmals nicht stattfindende strafrechtliche Verfolgung ist zum einen gewollt und beruht zum anderen auf dem Anzeigeverhalten. Diese Problematik macht das Eingreifen von pädagogischer Seite umso wichtiger, denn dies ist dann der einzige Weg, der den betroffenen Kindern und Jugendlichen die Chance auf eine Verbesserung ihrer Lebensumstände bietet.

- In jedem Fall stellen alle Formen der Kindeswohlgefährdung ein erhebliches Risiko für die Entwicklung der Opfer dar und bedürfen fachlich fundierter und koordinierter Hilfsangebote und Interventionen.

---

1 Auch wenn im weiteren Text immer nur die männliche Form „Täter" verwendet wird, sei ausdrücklich darauf hingewiesen, dass es in allen Gefährdungsformen (auch beim sexuellen Missbrauch) immer Frauen und Männer sein können, die Kinder misshandeln, missbrauchen und vernachlässigen.

Körperliche Misshandlung von Kindern und Jugendlichen

Zunächst stellt sich die Frage, ab wann man von einer körperlichen Misshandlung von Kindern und Jugendlichen spricht. Dabei ist zwischen dem gelegentlichen oder seltenen Einsatz von Gewalt als Erziehungsmittel (dem sogenannten „Klaps auf den Po") und einer körperlichen Misshandlung von Kindern und Jugendlichen zu unterscheiden.

Gewalt als Erziehungsmittel ist pädagogisch sinnlos, verletzt die Würde und grundlegende Rechte der betroffenen Kinder und Jugendlichen und ist grundsätzlich abzulehnen. Im Übrigen ist sie auch durch das seit dem Jahr 2000 bestehende Gewaltverbot in der Erziehung (§ 1631 Abs. 2 BGB) verboten. Doch nicht jede körperliche Züchtigung stellt eine körperliche Misshandlung dar.

Folgende Definition einer „körperlichen Misshandlung" grenzt diesen Begriff sehr prägnant ab.

Definition

Körperliche Misshandlung

Unter körperlicher Kindesmisshandlung könnten alle Handlungen von Eltern oder anderen Bezugspersonen verstanden werden, die durch Anwendung von körperlichem Zwang bzw. Gewalt für einen einsichtigen Dritten vorhersehbar zu erheblichen physischen oder psychischen Beeinträchtigungen des Kindes und seiner Entwicklung führen oder vorhersehbar ein hohes Risiko solcher Folgen bergen (Kindler et al., 2006, Kap. 5, S. 3).

Die entscheidende Abgrenzung liegt in den anzunehmenden Folgen einer körperlichen Misshandlung für die Opfer. Von einer Kindeswohlgefährdung durch eine körperliche Misshandlung ist folglich nur auszugehen, wenn ziemlich sicher angenommen werden kann, dass das betroffene Kind oder der betroffene Jugendliche in seiner Entwicklung durch die Misshandlung erheblich beeinträchtigt wird. Dabei können niemals die Gewalthandlungen isoliert betrachtet werden, sondern müssen immer im Kontext anderer Aspekte, wie der Bindung des Kindes oder des Jugendlichen zu den Eltern, der sonstigen personalen und sozialen Ressourcen u. a. gesehen werden. Zu den personalen Ressourcen gehört z. B. die Resilienz des Kindes. Als soziale Ressourcen sind z. B. verlässliche und stabile Beziehungen zu anderen Erwachsenen oder die stützende Einbindung in Institutionen zu sehen.

Wie viele Kinder und Jugendliche sind betroffen?

Eine belastbare amtliche Statistik zur körperlichen Misshandlung von Kindern und Jugendlichen wird in Deutschland nicht geführt. Lediglich die „Polizeiliche Kriminalstatistik (PKS)" belegt die Fälle, in denen es zu einem Ermittlungs- oder

Strafverfahren kommt. Dabei ist davon auszugehen, dass sie nur einen Bruchteil der tatsächlichen Fälle abbildet. Für das Jahr 2012 weist die PKS 1.725 Fälle körperlicher Misshandlung von Schutzbefohlenen im Alter von unter 6 Jahren aus. Das heißt, nach dieser Statistik sind 0,4 Promille aller Kinder von körperlicher Misshandlung betroffen – ein unrealistisch geringer Wert, wenn man anderen Aussagen glaubt.

Es ist also nötig, sich anderenorts zu bedienen, um Fallzahlen zu ermitteln. Dazu dienen wissenschaftliche Untersuchungen und Befragungen von Kindern, Jugendlichen und Erwachsenen, aber auch Statistiken über das Agieren von Jugendämtern und Polizei.

Dabei wird deutlich, dass die Mehrheit der Eltern (ca. 2/3 aller Eltern) in Deutschland zumindest minderschwere Formen physischer Erziehungsgewalt anwendet, etwa leichte Ohrfeigen oder einen Klaps, was ja noch nicht unbedingt eine Kindeswohlgefährdung darstellt (Engfer, 2005, in: Egle et al., S. 23ff).

Eine Befragung erwachsener Personen nach ihren Erfahrungen mit körperlichen Misshandlungen ergab, dass ca. 10-15 % aller Eltern schwerwiegende und häufige körperliche Bestrafungen ihrer Kinder anwenden. In diesen Fällen ist schon deutlich von einer Kindeswohlgefährdung auszugehen (Engfer, 2005, in: Egle et al., S. 24ff). Diese erschreckend hohe Zahl zeigt, dass das Phänomen der körperlichen Misshandlung ein Massenphänomen und keine Seltenheit ist. Folglich ist auch anzunehmen, dass betroffene Kinder und Jugendliche (aus anderen Gründen) Ärzten vorgestellt werden und Adressaten von ergo- und physiotherapeutischen sowie logopädischen/sprachtherapeutischen Angeboten sind, was die Verantwortung der dort tätigen Fachkräfte erneut unterstreicht.

Eltern, die ihre Kinder körperlich misshandeln, landen nur sehr selten vor einem Strafgericht (Ausnahme sind sehr schwere Misshandlungen, die z. B. zu einer Behinderung oder dem Tod des Kindes oder Jugendlichen führen). Das ist gewollt, denn es gilt der Vorrang öffentlicher Hilfen vor strafrechtlicher Verfolgung. Und das ist auch gut so, denn der überwiegende Teil der Fälle ist nicht mit den Mitteln des Strafrechts, sondern nur mit Mitteln sozialpädagogischer Hilfen zu bearbeiten.

Warum misshandeln Eltern ihre Kinder körperlich?

Es gibt im Bereich der körperlichen Misshandlung keine einfachen Ursache-Wirkung-Zusammenhänge, sondern es sind eher multifaktorielle Bedingungsgefüge, die das Auftreten von körperlicher Misshandlung begünstigen.

Als besonders begünstigend für körperliche Misshandlungen von Kindern und Jugendlichen in Familien gelten folgende Faktoren:

Gesellschaftliche Einstellung gegenüber Kindern und generelle Haltung zu Gewalt als Konfliktlösung	Es gibt zwar eine rechtliche und oberflächlich auch gesellschaftliche Ächtung von körperlicher Gewalt gegen Kinder und Jugendliche. Bei vielen Menschen liegt jedoch auch eine wenig wertschätzende Einstellung gegenüber Kindern und Jugendlichen vor, die diese nicht als Individuen und Träger aller Rechte ansehen. Ferner besteht bei vielen Menschen keine grundsätzliche Ablehnung von Gewalt als Konfliktlösungs- und Erziehungsmittel.
Ökonomische Ungleichheit und soziale Ausgrenzung	Sozio-ökonomische Schwierigkeiten und die damit verbundenen individuellen und gesellschaftlichen Deklassierungen von Eltern begünstigen das Auftreten körperlicher Misshandlung von Kindern und Jugendlichen.
Prekäre Familiensituationen	Prekäre und belastende Familiensituationen (z. B. hochstrittige und konflikthafte Trennungs- und Scheidungssituationen) und der damit verbundene Stress können ebenfalls Nährboden für körperliche Misshandlungen von Kindern und Jugendlichen sein.
Persönlichkeit und Lebenssituation des Misshandelnden	Eigene, unverarbeitete Gewalterfahrungen in der Kindheit der misshandelnden Eltern stellen einen Risikofaktor dar, seine eigenen Kinder ebenfalls zu misshandeln.
Faktoren, die in der Person des Kindes oder Jugendlichen begründet liegen	„Schwierige Kinder" mit Verhaltensauffälligkeiten, z. B. mit Regulationsstörungen, die erzieherische Herausforderungen mit sich bringen, sind auffällig oft in Fällen körperlicher Misshandlung zu finden. Das darf aber nicht den Schluss nach sich ziehen, dass die betroffenen Kinder eine „Mitschuld" an den Misshandlungen tragen.

Zu diesen Faktoren kommt häufig ein Krisenkontext hinzu, d. h. eine belastende Situation oder belastende Faktoren im Familiensystem, wie z. B. eine Trennung der Eltern, das Eintreten einer Arbeitslosigkeit o. Ä., die zum Einsatz körperlicher Gewalt führen. Bildlich gesprochen „läuft das Fass über" und es kommt zu ersten Gewalthandlungen gegen die Kinder. Fatal ist, dass diese Gewalthandlungen dann aus der subjektiven Sicht der Täter sogar „wirken". Das heißt, das Kind oder der Jugendliche zeigt endlich erwünschte Verhaltensweisen oder unterlässt ein bestimmtes Verhalten, i. d. R. aus Angst vor weiteren Misshandlungen. Die Eltern nehmen folglich wahr, dass sie mit Gewalt erwünschte Wirkungen erzielen können, was die Gewaltspirale vorantreibt.

Woran kann ich eine körperliche Misshandlung von Kindern und Jugendlichen erkennen?

Zunächst lassen sich die Spuren körperlicher Gewalt häufig am Körper des Opfers ablesen. Dabei sind Verletzungen, die auf körperliche Misshandlungen zurückzuführen sind, nicht immer einfach zu erkennen, dennoch lohnt sich ein genaues Hinsehen bei Verletzungen von Kindern und Jugendlichen.

Zunächst ist es wichtig, die Formen der körperlichen Misshandlung zu kennen, die Eltern und andere Bezugspersonen anwenden:

- Striemenartige Wunden
- (Handförmige) Blutergüsse
- Prellungen
- Bisswunden
- Verbrennungen, Verbrühungen
- Gaumenverletzungen
- Schädelbruch, Schädeltrauma
- Knochenbrüche
- Innere Verletzungen
- Vergiftungen

Die häufigsten Symptome körperlicher Misshandlung, die auch ohne bildgebende Verfahren oder vertiefte anatomische Kenntnisse wahrgenommen werden können, sind[2]:

- Hämatome oder Hautwunden an untypischen Stellen (Rücken, Brust, Bauch, Po, Ohren, Mund, Augenhöhlen)
- Kreisförmige Verbrennung am Handteller, unter der Fußsohle, am Bauch, Verbrennungen am Gesäß
- Verbrühungen; Striemen oder Fesselmale am Körper
- Griffmarken am Brustkorb, an Armen oder Knöcheln
- Schwellungen – das Kind klagt bei Berührungen über Schmerzen
- Häufige Knochenbrüche
- Infolge gewaltsam herbeigeführter Atemnot: diffus verteilte punktförmige Einblutungen auf der Gesichtshaut, den Augenlidern/-bindehäuten oder der Mundvorhofschleimhaut

Die folgenden Abbildungen zeigen Misshandlungsspuren an Kindern, zu denen jeweils erklärt wird, welche Form der Misshandlung stattgefunden hat, welcher Art die Verletzungen des Kindes sind und warum die zu sehenden Verletzungen keine Folge von Sturz- oder Spielverletzungen sein können.

---

2 http://www.kvjs.de/jugend/kinderschutz/kiwo-skala-kinderschutz-in-tageseinrichtungen.html [05.03.2015]

Abb. 1: Hämatome infolge massiver, stumpfer äußerer Gewalt gegen den Kopf des Kindes (Faustschläge). Die Lokalisation (Augen = tief liegende Körperstelle) und Schwere der Verletzungen lassen eindeutig auf eine Misshandlung schließen.

Abb. 2: Dieser Junge wurde von seinem Vater mit einem Metallrohr verprügelt. Charakteristische doppelstriemenförmige Hautunterblutungen am Rücken. Erneut weisen die Lokalisation (der Rücken ist in der Regel keine Körperstelle, an denen sich Kinder bei Unfällen oder beim Raufen verletzen), die Art der Verletzungen (mehrere Striemen am Rücken sprechen gegen Sturz- oder Spielverletzungen) und die Schwere der Verletzungen auf eine Misshandlung hin.

Abb. 3: Strangulationsmarke am Hals nach Drosselung mit einem Schnürband. Oberhalb davon im Kopfbereich zahlreiche punktförmige Stauungsblutungen und eine Dunsung der Gesichtsweichteile. Die Art der Verletzung (Drosselung) kann nur eine Folge einer Misshandlung sein.

Abb. 4: Bissabdruck eines Erwachsenen. Die Größe der Verletzung lässt eindeutig auf einen erwachsenen Täter und damit auf eine Misshandlung schließen.

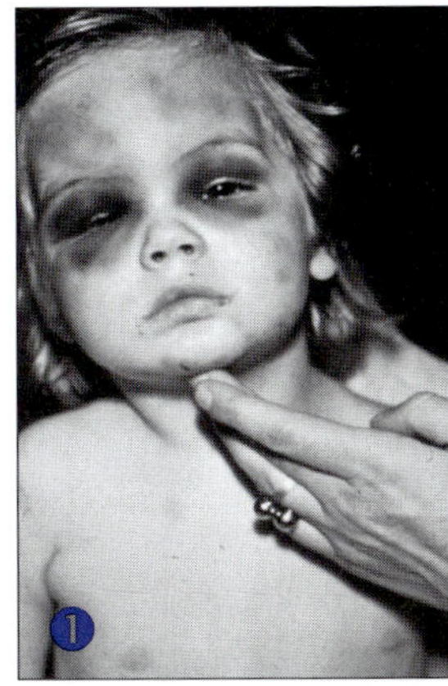

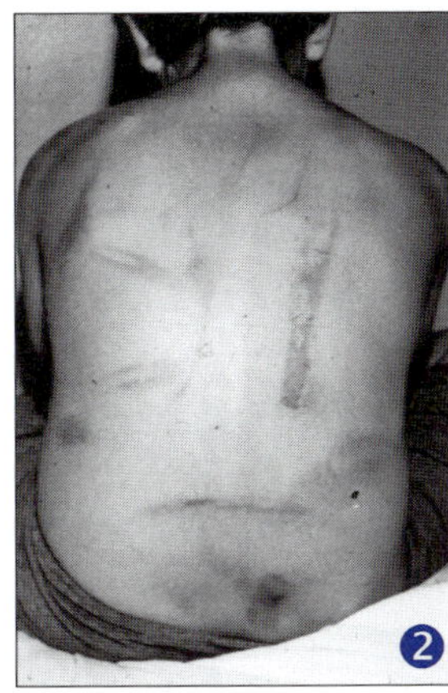

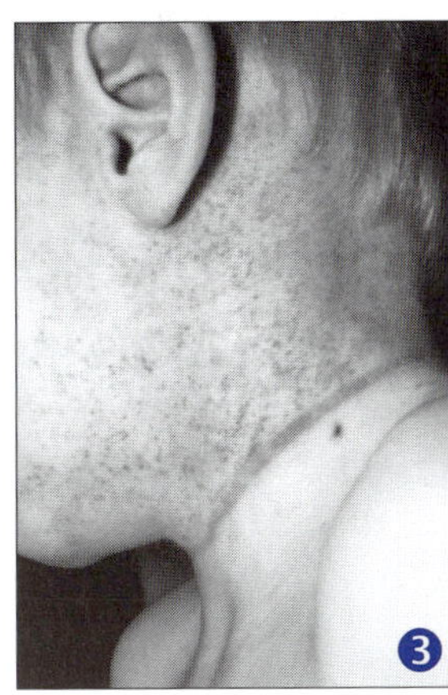

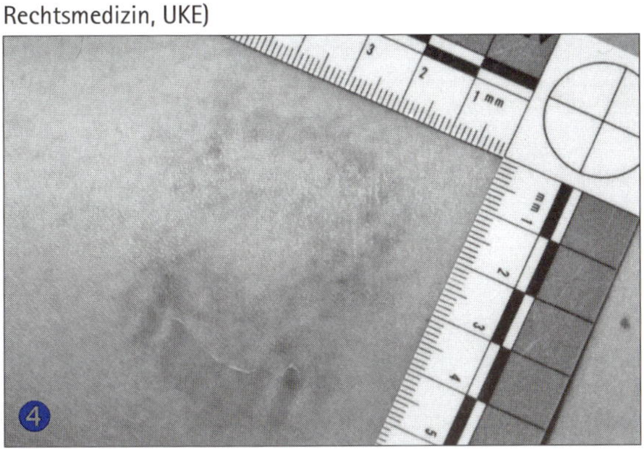

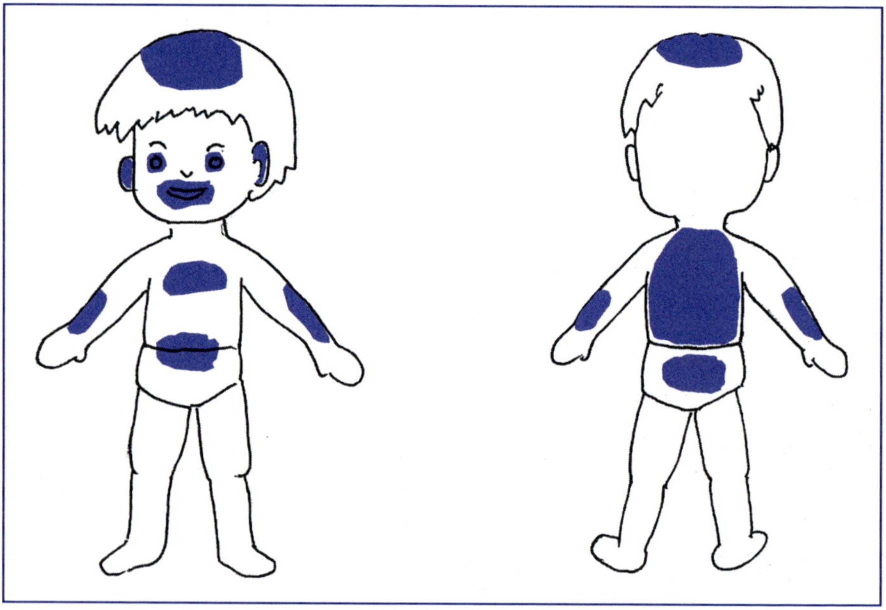

Abb. 5: Lokalisation bei Misshandlungen

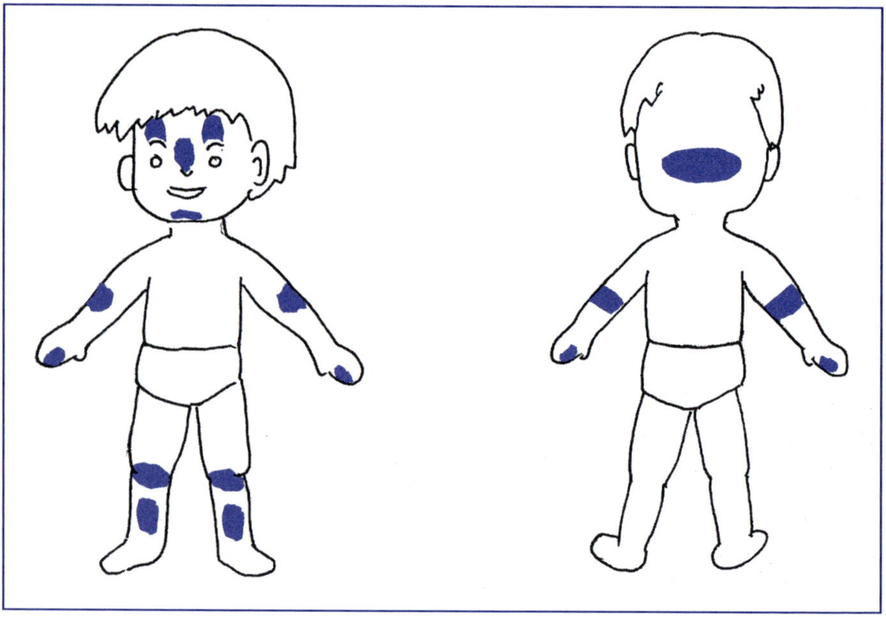

Abb. 6: Spielverletzungen

Wenn Sie solche oder andere Verletzungen bei Kindern oder Jugendlichen wahrnehmen, ist es wichtig, zu wissen,

- wo die Verletzungen sind,
- wie diese Verletzungen aussehen,
- ob solche Verletzungen häufiger vorkommen,

um bewerten zu können, ob es sich um Misshandlungsspuren handelt.

Dabei deuten Lokalisationen der Verletzungen im Gesicht, am Gesäß, am Rücken, an den Oberarmseiten, im Brustbereich und auf dem Bauch eher auf Misshandlungen hin, denn an diesen Stellen ziehen sich Kinder und Jugendliche eher selten Sturzverletzungen zu oder verletzen sich beim Spielen oder Raufen. Verletzungen durch Spiel etc. sind eher an den Handinnenseiten, den Ellenbogen, den Knien oder Schienbeinen sowie an exponierten Stellen des Kopfes (Stirn, Nase oder Kinn) zu finden.

Auch die Form der Verletzungen spielt eine wichtige Rolle: So hinterlassen Schläge mit Stöcken o. a. typische Striemen, Verbrennungen mit Zigaretten kleine, scharf begrenzte Brandwunden und Schläge mit der flachen Hand handförmige Blutergüsse.

Alle diese Beispiele zeigen, dass sich Verletzungen infolge von Misshandlungen in ihrer Form durchaus von anderen Verletzungen unterscheiden lassen.

Stationäre Aufnahme ins Krankenhaus bei Verdacht auf eine schwerwiegende körperliche Misshandlung

Wenn Sie einen Misshandlungsverdacht bei einem Kind oder Jugendlichen haben, versuchen Sie immer eine Aufnahme des Kindes oder Jugendlichen in ein Krankenhaus zu initiieren.
Eine solche Aufnahme hat mehrere Vorteile:
Zum einen verfügen viele Kinderkliniken über spezielle „Kinderschutzgruppen", die sich interdisziplinär dem Thema widmen.
Zum anderen haben nur Kliniken die notwendigen (z. B. bildgebenden) diagnostischen Möglichkeiten, denn in den wenigsten Kinderarztpraxen gibt es ein Röntgengerät.
Zuletzt bietet die stationäre Aufnahme des Kindes oder Jugendlichen auch einen Schutzraum, in dem sich das Opfer aus der Distanz zum häuslichen Umfeld möglicherweise besser öffnen kann, was die Initiierung von Hilfsangeboten erleichtert.

Vertrauen Sie bei Verdachtsfällen körperlicher Misshandlung auf Ihren gesunden Menschenverstand!

Lassen Sie sich den Hergang schildern, indem Sie eine offene Frage stellen: „Oh je, das tut aber sicher weh? Wie ist denn das passiert?" Versuchen Sie mit dem gesunden Menschenverstand die wahrgenommenen Verletzungen beim Kind oder Jugendlichen in Übereinstimmung mit dem dazu berichteten Hergang zu bringen. In vielen Fällen werden schon dadurch erhebliche Widersprüche sichtbar.

Auch die Häufigkeit insbesondere von gleichartigen Verletzungen kann ein wichtiger Indikator für Misshandlung sein. Spätestens beim zweiten Auftreten einer (gleichartigen) Verletzung sollte eine Fachkraft handeln.

Unter welchen Folgen leiden die betroffenen Kinder und Jugendlichen und welche Hilfen brauchen sie?

Kinder und Jugendliche, die Opfer von physischer Gewalt wurden, leiden häufig unter schwerwiegenden Folgen. Die Schwere der Auswirkungen ist unabsehbar und von anderen Faktoren abhängig, z. B. der Art und Dauer der Misshandlung, der emotionalen Nähe zum Misshandler oder dem (Nicht-)Vorhandensein stärkender und schützender Faktoren, wie verlässliche andere erwachsene Bezugspersonen.

Folgen bei körperlich misshandelten Kindern und Jugendlichen sind:

- Verletzungen bis hin zu dauerhaften Beeinträchtigungen des Kindes oder Jugendlichen. Hierbei ist jedoch davon auszugehen, dass die meisten Kinder und Jugendlichen eine körperliche Misshandlung ohne langfristige körperliche Schäden überstehen.
- Auswirkungen auf das Gehirn bei körperlich misshandelten Kindern und Jugendlichen, z. B. Veränderungen in der Ausschüttung von Stresshormonen, was zu einer andauernden „Alarmbereitschaft" im Sinne einer ständigen Wachsamkeit des Kindes oder Jugendlichen führt und Ressourcen bindet, die das Kind oder der Jugendliche eigentlich für Lernprozesse bräuchte.
- Beeinträchtigungen der kognitiven bzw. schulischen Entwicklung, z. B. keine ausreichende Motivation oder Lernfreude – was eine erhebliche Verschlechterung der Bildungschancen der betroffenen Kinder und Jugendlichen nach sich ziehen kann.
- Beeinträchtigungen der sozioemotionalen Entwicklung der betroffenen Kinder und Jugendlichen hinsichtlich eines gesunden Bindungsverhaltens, emotionaler Offenheit und Vertrauen sowie Einschränkungen des Selbstbildes und des Selbstwertgefühls – teilweise bis ins Erwachsenenalter.
- Beeinträchtigungen der psychischen Gesundheit der betroffenen Kinder und Jugendlichen. Betroffene Kinder und Jugendliche bilden häufig psychische Erkrankungen aus. Diese sind jedoch unspezifisch und lassen keinen Rückschluss

auf körperliche Misshandlungen zu, da auch andere Ursachen zugrunde liegen könnten. Häufige psychische Erkrankungen körperlich misshandelter Kinder und Jugendlicher sind depressive Verstimmungen bis hin zu Suizid(versuchen), Störungen des Sozialverhaltens oder posttraumatische Belastungsstörungen.

Da die körperliche Misshandlung in den seltensten Fällen dazu führen wird, dass Kinder und Jugendliche von ihren Eltern weggenommen werden, bedürfen die Familien (die Eltern und die Kinder) geeigneter Hilfsangebote.

Diese verfolgen kurzfristig das Ziel, die Eltern in ihrer Erziehungskompetenz zu stärken und weitere Misshandlungen durch die Vermittlung von alternativen erzieherischen Verhaltensweisen zu verhüten.

Langfristig geht es aber auch um die Aufarbeitung des Erlebten, um negative Folgen durch eine Traumatisierung bei den Kindern und Jugendlichen zu vermeiden.

Zu nennen sind hier:

- Aufsuchende Angebote des Jugendamtes (Sozialpädagogische Familienhilfe)
- Familientherapeutische Zugänge
- Psychotherapeutische Angebote für die Eltern und die Kinder und Jugendlichen

Psychische Misshandlung von Kindern und Jugendlichen

Der Bereich der „psychischen Misshandlung" von Kindern und Jugendlichen ist von allen Gefährdungstatbeständen sicherlich der am schwierigsten zu fassende, denn häufig erfolgen psychische Misshandlungen in „Zwischentönen" und „Subtexten" elterlichen Handelns. Oftmals haben Fachkräfte in diesem Bereich das deutliche Gefühl, dass zwischen den Eltern und Kindern irgendetwas nicht stimmt, können es aber nicht so deutlich herausarbeiten, um eine Intervention zu ermöglichen. Insofern ist der Bereich der „psychischen Misshandlung" für Fachkräfte auch oft mit Frust verbunden, den es auszuhalten gilt.

Der Begriff der „psychischen Misshandlung" ist sehr schwer zu definieren und an den Randbereichen gibt es viele Grauschattierungen. Außerdem spielen die Persönlichkeit und Konstitution des Kindes oder Jugendlichen eine große Rolle, was die Auswirkungen der psychischen Gewalt betrifft – das macht die Einschätzung nicht einfacher.

Im Folgenden soll deshalb diese Definition zugrunde gelegt werden:

Definition

Psychische Misshandlung

Psychische Misshandlung wird verstanden als wiederholte Verhaltensmuster der Betreuungsperson oder Muster extremer Vorfälle, die Kindern zu verstehen geben, sie seien wertlos, voller Fehler, ungeliebt, ungewollt oder nur dazu nütze, die Bedürfnisse eines anderen Menschen zu erfüllen (Kindler et al., 2006, Kap. 4, S. 1).

Folgende Verhaltens- oder Erziehungsmuster der Eltern gegenüber ihren Kindern deuten auf psychische Misshandlung hin (ebd.):

- Feindselige Ablehnung (z. B. ständiges Herabsetzen, Beschämen, Kritisieren oder Demütigen eines Kindes oder eines Jugendlichen),
- Ausnutzen und Korrumpieren (z. B.: Das Kind oder der Jugendliche wird zu einem selbstzerstörerischen oder strafbaren Verhalten angehalten oder gezwungen bzw. ein solches Verhalten wird widerstandslos zugelassen),
- Terrorisieren (z. B.: Das Kind oder der Jugendliche wird durch ständige Drohungen in einem Zustand der Angst gehalten),
- Isolieren (z. B.: Das Kind oder der Jugendliche wird in ausgeprägter Form von altersentsprechenden sozialen Kontakten ferngehalten),
- Verweigerung emotionaler Responsivität (z. B.: Signale des Kindes oder des Jugendlichen und seine Bedürfnisse nach emotionaler Zuwendung werden anhaltend und in ausgeprägter Form übersehen und nicht beantwortet).

Beispiel

Fallbeispiel einer psychischen Misshandlung

Ein 7-jähriger an ADHS leidender Junge wird ständig wegen seiner Unkonzentriertheit und Ungeschicklichkeit kritisiert, beschimpft und von den Eltern gegenüber seiner älteren Schwester als dumm und blöd dargestellt. Bei Mitteilungen der Schule über fehlende, unvollständige oder falsche Hausaufgaben demütigen sie ihn, indem sie ihm sagen, er müsse von anderen Eltern abstammen, so dumm, wie er sei.

Dieses Fallbeispiel lässt erahnen, wie schwerwiegend solche Misshandlungen für die betroffenen Kinder und Jugendlichen sind, besonders wenn sie lange andauernd sind. Gleichzeitig kann sich aber auch jeder vorstellen, dass es ungemein schwierig ist, sie „zu fassen".

Wie viele Kinder und Jugendliche sind betroffen?

Aufgrund der definitorischen Schwierigkeiten in diesem Bereich ist es noch schwieriger, an verlässliche Zahlen zu kommen, als bei den anderen Gefährdungstatbeständen.

Einigermaßen aussagekräftige Untersuchungen sprechen von Fallzahlen von 15 % aller Kinder und Jugendlichen, die von psychischer Gewalt betroffen sind, wenn man auch minderschwere Formen einbezieht, und von ca. 2 % aller Kinder und Jugendlichen, die von schwerer psychischer Gewalt in ihrer Kindheit betroffen sind (Häuser et al., 2011, S. 287-294).

Warum misshandeln Eltern ihre Kinder psychisch?

Bei psychischer Misshandlung von Kindern und Jugendlichen ist immer vom Zusammenwirken unterschiedlicher Ursachen auszugehen. Statt Ursachen spricht man daher besser von Risikofaktoren.

Bei den Risiken für psychische Misshandlung von Kindern und Jugendlichen werden zwei Faktorengruppen unterschieden:

Faktoren, die das Kind/den Jugendlichen betreffen:

- Unerwünschte Kinder und Jugendliche
- Verhaltensauffällige und „schwierige" Kinder und Jugendliche
- Entwicklungsverzögerte Kinder und Jugendliche
- Behinderte Kinder und Jugendliche
- Pflegekinder, Stiefkinder etc.

Bei diesen Faktoren ist das zugrunde liegende Muster, dass die Kinder und Jugendlichen die Erwartungen und Wünsche der Eltern an ihre Kinder und das Familienleben nicht erfüllen (können).

Faktoren, die die Eltern betreffen:

- Eigene Misshandlungserfahrungen der Eltern in der Kindheit
- Zu hohe Erwartungen der Eltern an ihr Kind
- Überforderung der Eltern durch viele Kinder
- Unwissenheit der Eltern über die Erziehung von Kindern
- Suchterkrankungen der Eltern
- Niedriger Bildungsstand der Eltern
- Eigene Diskriminierungs- und Deklassierungserfahrungen der Eltern
- Zeitmangel der Eltern durch einen überbeanspruchenden Tagesablauf

Woran kann ich eine psychische Misshandlung von Kindern und Jugendlichen erkennen?

Die „Symptome" seelischer Gewalt, die die betroffenen Kinder und Jugendlichen zeigen, sind sehr vielfältig und damit leider auch sehr unspezifisch – die allermeisten der bekannten Signale können auch viele andere Ursachen haben, was die Diagnostik erheblich erschwert.

Folgende Signale sind bei Opfern psychischer Gewalt häufig wahrzunehmen (Eggers, 1994, S. 748-755):

Im Säuglingsalter:

■ Gedeihstörungen	■ Motorische Unruhe
■ Nahrungsverweigerung	■ Apathie
■ Erbrechen	■ Psychomotorische Retardierung
■ Verdauungsprobleme	■ „Schreikind"

Im Kleinkindalter:

■ Einnässen/Einkoten	■ Passivität
■ Daumenlutschen	■ Zurückgezogenheit
■ Haare ausreißen	■ Aggressivität
■ Nägelkauen	■ Autoaggressionen
■ Störungen des Spielverhaltens	■ Distanzschwäche
■ Freudlosigkeit	■ Sprachstörungen
■ Furchtsamkeit	■ Motorische Störungen und Unruhe

Im Schulalter:

■ Kontaktstörungen	■ „Störenfried"-Verhalten
■ Schulverweigerung	■ Ängstlichkeit, Schüchternheit
■ Abnahme der Schulleistungen	■ Misstrauen
■ Konzentrationsstörungen	■ Suizidgedanken
■ Mangel an Ausdauer	■ Versagensängste
■ Initiativverlust	■ Narzisstische Größenfantasien
■ Hyperaktivität	■ Tagträumereien

Die Feststellung, ob eine psychische Misshandlung vorliegt, lässt sich nur unter Einbeziehung des elterlichen Verhaltens treffen.

Dabei helfen in diagnostischen Gesprächen die folgenden Fragestellungen:

- Verfolgen die Eltern in ihrer Erziehung ein Wertekonzept, das die seelische Unversehrtheit des Kindes anerkennt?
- Inwieweit sind Erziehungspraktiken der Eltern sozio-kulturell zu erklären – z. B. hinsichtlich von Geschlechterbildern in der Erziehung, anderer kultureller Herkunft oder religiöser Überzeugung?
- Wie gut ist die Bindung des betroffenen Kindes oder Jugendlichen an die Eltern? Dabei ist allerdings zu berücksichtigen, dass enge Bindungen bei psychisch misshandelten Kindern und Jugendlichen häufig auch auf hohen Anpassungsleistungen beruhen und daher eher kritisch zu bewerten sind.

Achten Sie bei einem Verdacht auf eine psychische Misshandlung auch auf andere Gefährdungsbereiche!

Eine „psychische Misshandlung" kommt selten alleine vor. Achten Sie daher auch auf Signale des Kindes oder Jugendlichen, die auf andere Gefährdungsformen deuten, z. B. auf körperliche Gewalt oder Missbrauch. Oftmals sind diese anderen Bereiche leichter zu erkennen.

Unter welchen Folgen leiden die betroffenen Kinder und Jugendlichen und welche Hilfen brauchen sie?

Genauso unspezifisch wie die Signale der betroffenen Kinder und Jugendlichen sind, genauso diffus sind auch die Folgen psychischer Gewalt für die Opfer. Eines ist jedoch unstrittig: Schwerwiegend sind die Folgen in sehr vielen Fällen:

- Physische Entwicklung:
  Ca. 25 % der betroffenen Kinder und Jugendlichen sind körperlich beeinträchtigt und viele Betroffene verfügen über eine eingeschränkte körperliche Funktionsfähigkeit.

- Geistige Entwicklung:
  Die kognitive und sprachliche Entwicklung des Kindes oder des Jugendlichen bleibt hinter dessen Möglichkeiten zurück.

- Soziale Entwicklung:
  Viele Betroffene leiden unter Bindungsstörungen, Verhaltensauffälligkeiten, Kommunikationsstörungen oder Distanzlosigkeit.

Je früher die psychische Misshandlung beginnt und je länger sie dauert, desto intensiver ist sie. Je näher die Beziehung zum Täter ist, desto schwerer sind die Folgen für die Opfer. Dies gilt im Übrigen auch für alle anderen Gefährdungstatbestände.

Hilfen für psychisch misshandelte Kinder und Jugendliche

Bei weniger schwerwiegenden Formen psychischer Misshandlung reichen ggf. Angebote zur Stärkung der Erziehungskompetenz der Eltern, z. B. Elternkurse, wie sie der Deutsche Kinderschutzbund anbietet.

Bei schwerwiegenden Formen psychischer Gewalt sind aufsuchende Hilfen des Jugendamtes, wie die Sozialpädagogische Familienhilfe, oder familientherapeutische Interventionen mit dem Ziel der Veränderung des elterlichen Verhaltens angezeigt und wirksam.

Dazu kann ein psychiatrisch-psychotherapeutisches Fallmanagement für die betroffenen Kinder und Jugendlichen erforderlich sein.

Vernachlässigung von Kindern und Jugendlichen

Man kann Vernachlässigung in drei Bereiche einteilen:

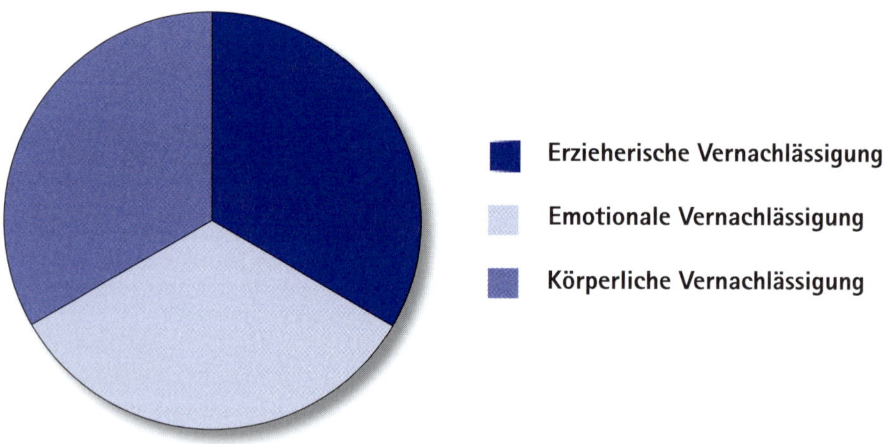

Definition

Vernachlässigung

Vernachlässigung wird verstanden als andauerndes oder wiederholtes Unterlassen fürsorglichen Handelns bzw. Unterlassen der Beauftragung geeigneter Dritter mit einem solchen Handeln durch Eltern. Für einen einsichtigen Dritten führt dieses Verhalten vorhersehbar zu erheblichen Beeinträchtigungen der physischen und/oder psychischen Entwicklung des Kindes oder beinhaltet vorhersehbar ein hohes Risiko solcher Folgen (Kindler, 2006, Kap. 3, S. 1).

Diese sehr zutreffende Definition zeigt bereits, dass es bei Vernachlässigung – im Gegensatz zu den anderen Gefährdungstatbeständen – immer um das „Nicht-Machen“ geht, d. h., Eltern versagen ihren Kindern notwendige fürsorgliche Handlungen – bewusst oder unbewusst.

Dabei geht es um das Unterlassen fürsorglichen Handelns auf den unterschiedlichen Bedürfnisstufen des Kindes oder Jugendlichen (vgl. hierzu auch Kap. „Welche Grundbedürfnisse haben Kinder und Jugendliche“):

Bedürfnisse des Kindes oder des Jugendlichen nach Selbstwirksamkeit und Autonomie

↑

Bedürfnisse des Kindes oder des Jugendlichen nach Förderung und Anregung

↑

Bedürfnisse des Kindes oder des Jugendlichen nach einfühlendem Verständnis, Wertschätzung und sozialer Bindung

↑

Schutzbedürfnisse des Kindes oder Jugendlichen, z. B. Gefahrenschutz oder Schutz der körperlichen und sexuellen Unversehrtheit

↑

Körperliche Bedürfnisse des Kindes oder des Jugendlichen, wie Essen, Trinken und Schlafen

Beispiel

Fallbeispiel einer körperlichen Vernachlässigung

Ein 2-jähriger Junge wird dem Kinderarzt zur U7 vorgestellt, er ist deutlich zu leicht. Die vorausgegangenen Früherkennungsuntersuchungen sind unvollständig durchgeführt, der Kinder- und Jugendarzt wurde bereits mehrfach gewechselt. Auf das massive Untergewicht angesprochen, meint die Mutter, der Junge komme halt nach dem Vater, dieser sei auch untergewichtig. Ein Vergleich mit der dokumentierten U6 ergibt, dass der Junge seit einem Jahr nur 100 g zugenommen hat. Die Mutter meint dazu, sie hätte halt keine Waage, eine solche bräuchten sie auch nicht, denn so wenig wie der Junge esse, sei es ja kein Wunder, dass er so wenig wiege.

oder

Beispiel

Fallbeispiel einer Gesundheitsgefährdung

Ein 8-jähriges Mädchen kommt regelmäßig in nicht passender, zu enger und der Witterung nicht angemessener Kleidung zur Schule. Es wirkt körperlich ungepflegt und hat schlechte Zähne. Immer wieder kommt es vor, dass das Mädchen verschimmelte Brote als Pausenverpflegung mitbringt. Auch im Sozialverhalten wirkt das Kind seltsam verhalten. Darauf angesprochen, vermeidet das Kind Aussagen, die Details zu ihrem Elternhaus preisgeben. Von der Lehrerin angesprochen, erwidert die Mutter des Kindes, dass sie die Missstände in der Versorgung abstellen werde. Dies geschieht jedoch nicht, zumindest nicht nachhaltig.

Wie viele Kinder und Jugendliche sind betroffen?

Auch zur Vernachlässigung von Kindern und Jugendlichen gibt es kaum verlässliche Zahlen.

In einer Studie wurden Jugendliche und Erwachsene zu ihren Vernachlässigungs- und Misshandlungserfahrungen in Kindheit und Jugend befragt (Engfer, 2005, in: Egle et al., S. 23ff). Bezieht man auch geringere Erfahrungen von Vernachlässigung mit ein, berichten fast 50 % der Befragten von körperlicher oder emotionaler Vernachlässigung. Schwere körperliche Vernachlässigung lag bei ca. 10 % und schwere emotionale Vernachlässigung bei 7 % der Befragten vor. Man kann also auch in diesem Bereich durchaus davon ausgehen, dass es sich nicht um ein seltenes Phänomen handelt, sondern dass Hunderttausende Kinder und Jugendliche davon betroffen sind.

Warum vernachlässigen Eltern ihre Kinder?

Auch bei der Vernachlässigung von Kindern und Jugendlichen sind die ursächlichen Faktoren mannigfaltig. Man unterscheidet zwischen Ursachen, die in den psychosozialen und sozioökonomischen Umständen der Familie liegen:

- Mangelnder „social support" der Familie, z. B. durch soziale Isolation der Familie
- Beengte Wohnverhältnisse, die zu Konflikten und Stress führen
- Finanzielle Schwierigkeiten
- Überforderung der Eltern durch viele Kinder

Ursachen, die in der persönlichen Situation oder der Persönlichkeit der Eltern liegen:

- Traumatisierungen der Eltern in der eigenen Kindheit, z. B. durch eigene Vernachlässigungserfahrungen
- Suchterkrankungen oder andere psychische Erkrankungen der Eltern, z. B. depressive Erkrankungen
- Hohe Belastung des Familiensystems, z. B. durch eine akute und belastende Trennungsproblematik der Eltern, und damit verbunden eingeschränkte Kompetenzen der Eltern, Stress zu bewältigen
- Intellektuelle Überforderung der Eltern

Ursachen, die in der Person des Kindes liegen:

- Unerwünschtheit des Kindes, z. B. Stief-, Pflege- oder Adoptivkinder, die emotional abgelehnt werden
- Mehrlingsgeburten, die zur Überforderung der Eltern führen
- Erhöhte erzieherische und pflegerische Anforderungen eines Kindes an seine Eltern, z. B. wegen einer Behinderung des Kindes, die die Eltern überfordern

Berücksichtigen Sie immer auch die Schutzfaktoren des Kindes oder des Jugendlichen und die familiären Ressourcen!

Eine Vernachlässigung lässt sich nur dadurch verlässlich diagnostizieren, dass Fachkräfte den Risikofaktoren auch die in der Familie vorhandenen Schutzfaktoren für das Kind oder den Jugendlichen gegenüberstellen:

- Schutzfaktoren des Kindes, des Jugendlichen: besondere Fähigkeiten oder ein günstiges Temperament des Kindes oder des Jugendlichen
- Familiäre Schutzfaktoren: verfügbare Ressourcen, z. B. verlässliche Großeltern
- Soziale Schutzfaktoren: Ressourcen in Form eines entlastenden sozialen Netzwerks oder eine gute Anbindung des Kindes oder des Jugendlichen in pädagogischen Einrichtungen (z. B. in Kindergarten, Schule oder Betreuungseinrichtungen)

Woran kann ich vernachlässigte Kinder und Jugendliche erkennen?

Diagnostisch bieten sich bei Vernachlässigung mehrere Zugänge an:

Körperliche und psychosoziale Situation des Kindes oder des Jugendlichen:

- Wachstumsstörungen
- Entwicklungsverzögerungen
- Schlechter Pflege- oder Hygienezustand
- Andauernde Erkrankungen wie Läusebefall oder Infektionen, die nicht in angemessener Zeit erfolgreich behandelt werden
- Witterungsunangemessene oder nicht passende Bekleidung
- Gehäuft unfallbedingte Verletzungen
- Unregelmäßiger Kindergarten- oder Schulbesuch, Termine werden versäumt

Interaktion der Eltern mit dem Kind:

- Das Kind zeigt kein sicheres Bindungsverhalten seinen Eltern gegenüber
- Die Eltern können nicht angemessen (schwingungsfähig, freundlich, altersangemessen, zugewandt, einfühlsam) mit dem Kind kommunizieren
- Die Eltern gehen wenig zärtlich mit dem Kind um
- Die Eltern können kindliches Verhalten (z. B. Weinen) nicht richtig deuten und nicht angemessen darauf reagieren
- Die Eltern zeigen wenig konstantes und berechenbares Verhalten dem Kind oder dem Jugendlichen gegenüber

Um die letztgenannten Indikatoren zu erkennen, ist immer eine Eltern-Kind-Interaktionsbeobachtung (am besten im häuslichen Umfeld des Kindes) notwendig.

!

U-Vorsorgehefte sind gute Indikatoren!

Lassen Sie sich von den Eltern das U-Vorsorgeheft und den Impfausweis zeigen. Auch wenn die Inanspruchnahme der Vorsorgeuntersuchungen und Impfungen freiwillig ist, finden wir doch bei vielen vernachlässigten Kindern entsprechende Versäumnisse, die damit als wichtiger Indikator gelten.

!

Ein Hausbesuch ist unbedingt nötig!

Wirklich verlässlich lässt sich eine Vernachlässigung erst durch einen Hausbesuch erkennen, da das häusliche Umfeld wichtige Hinweise liefert. Machen Sie daher (mit Zustimmung der Eltern) immer einen Hausbesuch, wenn Sie einen Verdacht auf eine Vernachlässigung abklären möchten. Überprüfen Sie den Haushalt auf Verwahrlosung und nutzen Sie den Hausbesuch, um die Eltern-Kind-Interaktionsbeobachtung durchzuführen.

Vorsicht Lebensgefahr!

Gerade bei sehr jungen Kindern kann eine Vernachlässigung zu lebensgefährlichen Situationen führen, z.B. durch Unterernährung oder Austrocknung. Daher ist bei diesen Kindern immer auch eine sehr schnelle Intervention, ggf. mit Rettungsdienst und der Polizei zu erwägen.

Unter welchen Folgen leiden die betroffenen Kinder und Jugendlichen und welche Hilfen brauchen sie?

Vernachlässigung gefährdet Kinder und Jugendliche in unterschiedlichen Bereichen und birgt hohe Risiken für ungünstige Entwicklungsverläufe der Opfer:

- Gefährdung der körperlichen Entwicklung, z.B. durch Mangelernährung
- Gefährdung der Gesundheit, z.B. durch das Unterlassen notwendiger medizinischer Maßnahmen
- Gefährdung der kognitiven Entwicklung, z.B. durch mangelnde Anregungen oder schulische Förderung
- Gefährdung der sozialen und emotionalen Entwicklung, z.B. durch eine Bindungsstörung des Kindes oder Jugendlichen an die Eltern
- Gefährdung der psychischen Gesundheit, z.B. durch ein deutlich erhöhtes Risiko für Depressionen

Hilfen bei Vernachlässigungssituationen verfolgen mehrere Ziele:

Als erstes und dringendstes Ziel muss die Vernachlässigungssituation abgestellt werden. Dazu bieten sich bei eher äußerlichen Formen der Vernachlässigung aufsuchende Maßnahmen des Jugendamtes (Sozialpädagogische Familienhilfen in Kombination mit haushaltsunterstützenden Maßnahmen) an, um die Situation des Kindes oder des Jugendlichen zu verbessern.

Schwieriger ist es, wenn die Vernachlässigung im emotionalen Bereich angesiedelt ist – wobei auch hier aufsuchende Jugendhilfemaßnahmen und ggf. psychotherapeutische Maßnahmen angezeigt sind, sodass Eltern lernen können, die (emotionalen) Signale ihrer Kinder zu deuten und deren emotionale Bedürfnisse angemessen zu befriedigen.

In einem weiteren Schritt müssen die Ursachen für das vernachlässigende Verhalten identifiziert (z.B. eigene Vernachlässigungserfahrungen in der Kindheit der Eltern, psychische Erkrankungen [z.B. Depression] der Eltern) und ein entsprechendes psychiatrisch-psychotherapeutisches Fallmanagement installiert werden.

Gegebenenfalls sind auch psychotherapeutische Angebote für das Kind oder den Jugendlichen notwendig, um langfristige Traumatisierungen zu vermeiden.

Sexueller Missbrauch von Kindern und Jugendlichen

Zum Themenfeld des sexuellen Missbrauchs von Kindern und Jugendlichen gibt es zahllose Definitionen, die zum Teil grundlegend verschiedene Verständnisse des Phänomens offenbaren.

Hier soll nun eine Definition genutzt werden, die weder politisch, noch feministisch noch soziologisch noch strafrechtlich geprägt ist, sondern die – passend zum Thema des Buches – den Schutz von Kindern und Jugendlichen zur Grundlage hat.

In der Fachliteratur wird in der Regel zwischen „engen" und „weiten" Definitionen des sexuellen Missbrauchs unterschieden.
Enge Definitionen bezeichnen alle sexuellen Handlungen an und mit Kindern und Jugendlichen, die nach breiter gesellschaftlicher Meinung als schädlich für diese angesehen werden, als sexuellen Missbrauch. Dabei wird in der Regel von einem Körperkontakt zwischen Täter und Opfer ausgegangen („hands-on-Taten", z. B. vaginale, anale oder orale Penetration des Kindes/Jugendlichen).
Weite Definitionen beschreiben alle sexuellen Handlungen zwischen einem Kind oder Jugendlichen und einer älteren Person als sexuellen Missbrauch. Damit sind neben den Handlungen mit Körperkontakt auch die Taten gemeint, die ohne Körperkontakt geschehen („hands-off-Taten", z. B.: Exhibitionismus vor dem Kind oder den Jugendlichen, Abspielen von Pornos vor dem Kind oder Jugendlichen).

Definition

Sexueller Missbrauch

Zielführend ist bei der Definition des sexuellen Missbrauchs die Überprüfung verschiedener Faktoren, die diesen kennzeichnen:

Ein (1) älterer Mensch (Anmerkung: Dies muss kein Erwachsener sein, sondern kann auch ein Jugendlicher sein) nimmt eine (2) sexuelle Handlung (3) an einem einwilligungsunfähigen Kind oder einem Jugendlichen, der nicht eingewilligt hat, vor, um (4) sich (in der Regel sexuell) zu befriedigen.
Dabei können weitere Faktoren eine Rolle spielen. Die Täter:
(5) offenbaren mangelndes Einfühlungsvermögen in das Kind oder den Jugendlichen.
(6) stellen vor dem Missbrauch ein Abhängigkeitsverhältnis des Kindes oder des Jugendlichen her.
(7) verpflichten das Kind oder den Jugendlichen zur Geheimhaltung, z. B. mit Lockungen, Versprechungen oder Drohungen.

Dabei ist es bei Kindern im vor- oder frühpubertären Alter völlig unerheblich, ob diese in die sexuellen Handlungen „scheinbar" einwilligen. Kinder in diesem Alter können in solche Handlungen nicht einwilligen, da sie die Wirkung und Folgen dieser Handlung nicht abschätzen können und auch kein Interesse an erwachsener Sexualität haben.

Somit umfasst der Begriff „sexueller Missbrauch" ein weites Feld an sexuellen Übergriffen zum Nachteil von Kindern und Jugendlichen, z. B.:

- Orale, vaginale oder anale sexuelle Handlungen bis hin zur Penetration am Kind oder Jugendlichen
- Einführen von Gegenständen in Anus, Vagina oder Mund des Kindes oder des Jugendlichen
- Masturbation am Täter durch das Kind oder die Jugendlichen
- Anfertigen pornografischer Aufnahmen von und mit dem Kind oder dem Jugendlichen
- Exhibitionistische Handlungen vor dem Kind oder dem Jugendlichen
- Betrachten pornografischer Aufnahmen mit Kindern oder Jugendlichen

Wie viele Kinder und Jugendliche sind betroffen?

Es ist nicht möglich, genau zu sagen, wie viele Kinder und Jugendliche in Deutschland sexuell missbraucht werden, da die Zahlen der polizeilichen Kriminalstatistik nur die Fälle beinhalten, die im Rahmen einer Strafanzeige erfasst wurden. Man kann aber von einer erheblichen Dunkelziffer ausgehen.
Zahlreiche Untersuchungen kommen zu dem Ergebnis, dass in Deutschland jedes dritte bis vierte Mädchen und jeder siebte bis achte Junge im Laufe seines Heranwachsens sexuell missbraucht wird. Diese Zahlen gelten als gesichert.

Warum werden Kinder und Jugendliche sexuell missbraucht? Wer sind die Täter?

Männer und Frauen, die Kinder missbrauchen, lassen sich in zwei Gruppen einteilen:

- Fixierte Täter
- Regressive Täter

Die „fixierten Täter" werden auch Pädophile genannt. Pädophilie ist eine psychische Erkrankung von Erwachsenen (ICD-10: F65.4), die durch eine auf ein kindliches Körperschema im vor- oder frühpubertären Alter gerichtete sexuelle Präferenz gekennzeichnet ist. Das bedeutet, die Betroffenen haben ausschließlich Interesse an sexuellen Handlungen mit Kindern – nicht mit erwachsenen Partnern. Diese sexuelle Orientierung bildet sich – wie alle anderen sexuellen Orientierungen – in der Pubertät aus und festigt sich in der Adoleszenz, also in der Phase des Erwachsenwerdens. Warum Menschen pädophil sind, ist nicht bekannt. Es ist aber eine Veranlagung und kein Ergebnis von Erziehungs- oder Sozialisationsprozessen. Man kann sagen, Pädophilie ist ein Schicksal und man hat nicht die Wahl. Hier sei aber auch in aller Deutlichkeit bemerkt, dass nicht jeder Pädophile Kinder missbraucht, denn viele Pädophile gehen verantwortungsbewusst mit ihrer Neigung um und belassen sie auf der Fantasieebene. Man schätzt, dass es in Deutschland ca. 250.000 pädophile Männer und Frauen gibt.

Die „regressiven Täter" werden auch als „Ersatzobjekttäter" bezeichnet. Deren sexuelle Interessen an Kindern entstehen erst im Erwachsenenalter und existieren neben einer homo-, hetero- oder bisexuellen Orientierung auf Erwachsene. Diese Täter ersetzen häufig konflikthafte Beziehungen zu Erwachsenen (z. B. auf Ebene der Partnerschaft) durch eine sexuelle Beziehung zu einem Kind oder einem Jugendlichen. Wenn diese Menschen Kinder missbrauchen, dann häufig episodisch, denn es gibt bei diesen Tätern auch oft Phasen, in denen eine Erwachsenensexualität ausgelebt wird.

Erst in den letzten Jahren in den Fokus der Forschung gerückt sind jugendliche Täter. Heute weiß man, dass 50 % aller Täter zum Zeitpunkt der ersten Missbrauchshandlung noch minderjährig sind.

Wie sich das Verhältnis von Männern zu Frauen unter den Täterinnen und Tätern verhält, ist nicht gesichert erforscht. Man geht heute von einem Verhältnis von 75 % Männern zu 25 % Frauen aus.

Welche Signale senden Kinder und Jugendliche, die Missbrauchserfahrungen machen oder machten?

Um zu verstehen, welche Signale Kinder und Jugendliche senden, die Opfer von sexuellem Missbrauch sind, ist zunächst der Blick auf die Entwicklung von Missbrauchsbeziehungen nötig.

Nach der Kontaktaufnahme des Täters zu dem Kind/dem Jugendlichen wird der Täter zunächst eine Beziehung zu dem Kind/dem Jugendlichen aufbauen und Vertrauen schaffen. Beim innerfamiliären Missbrauch erübrigt sich diese Kontaktaufnahme natürlich. Dazu nutzt der Täter einfühlsame Gespräche oder schöne Unternehmungen. Nicht selten wird auch das Umfeld des Kindes/des Jugendlichen (Familie, Freunde) eingebunden und davon überzeugt, dass der Täter eine vertrauenswürdige Person ist. Das Kind oder der Jugendliche bekommt eine bevorzugte Behandlung durch den Täter, was vor allem emotional bedürftige Kinder und Jugendliche positiv bewerten.

Erst nach einer Zeit (oft erst nach Monaten) kommt es dann zu ersten Missbrauchshandlungen, die sich in der Regel dann in der Intensität und Häufigkeit steigern.

Nicht selten ändert sich dann auch das Verhalten der Täter gegenüber dem Kind/Jugendlichen. Sie versuchen das Kind zu isolieren und von sich abhängig zu machen. Es wird häufig ein Schuld- und Schamgefühl beim Kind/Jugendlichen aufgebaut. Außerdem werden viele betroffene Kinder/Jugendliche durch Gewalt und Drohungen zum Schweigen verpflichtet.

Im Laufe dieser langen Missbrauchsbeziehung verändern Kinder/Jugendliche häufig ihr Verhalten, sodass bestimmte Signale Fachkräften durchaus Hinweise geben können.

Zu allererst sind hier die verbalen Signale zu nennen: Die Opfer sprechen über die Missbrauchserfahrungen und vertrauen sich einer erwachsenen Person an. Dabei zeigt die traurige Erfahrung, dass ein Opfer sexuellen Missbrauchs im Schnitt erst sieben Erwachsenen davon erzählen muss, bis es Hilfe bekommt.

Daneben gibt es unspezifische Signale von Kindern, die zwar keinen direkten Rückschluss auf einen sexuellen Missbrauch zulassen, aber durchaus – insbesondere wenn sie plötzlich auftreten – Anlass zum genaueren Hinschauen geben:

- Sprachstörungen, vor allem Stottern
- Schlafstörungen
- Bettnässen/Einkoten
- Bauchschmerzen
- Appetitlosigkeit
- Rückfall in Kleinkindverhalten
- Angstzustände
- Schulschwierigkeiten, aber auch Verbesserung der Schulleistungen, um zu kompensieren
- Rückzug in Fantasiewelten
- Selbstzerstörerisches Verhalten

Außerdem gibt es Signale der betroffenen Kinder, die schon deutlicher in Richtung eines Missbrauchs weisen und bei denen ein genaueres Hinschauen unabdingbar ist:

- Das Kind fühlt sich auffällig zu Schmutz und Matsch hingezogen.
- Das Kind stellt wiederholt Fragen zu sexuellen Themen, obwohl es längst aufgeklärt wurde und Antworten erhalten hat oder obwohl diese Fragen eigentlich nicht dem Entwicklungsalter des Kindes entsprechen.
- Das Kind spielt sexuelle Handlungen oder Missbrauchshandlungen mit Puppen oder in Rollenspielen nach.
- Das Kind berichtet in verklausulierter Form vom Missbrauch, sei es aus Scham oder weil ihm die richtigen Worte fehlen: Zum Beispiel erzählen betroffene Kinder, „dass der Papa im Kinderzimmer schläft", oder „dass beim Opa Milch aus dem Penis fließt", oder „dass sein Papa nachts ins Bett macht". Manchmal werden diese Geschichten auch fantastisch, z. B. „dass in der Nacht ein dunkler Geist kommt, der ihm die Bettdecke wegnimmt und es anfasst".
- Nicht selten werden von Familienmitgliedern missbrauchte Kinder mit einer besonderen Stellung in der Familie „belohnt": als Lieblingskind, mit vielen Geschenken etc.

Holen Sie sich Hilfe!

Da es unglaublich schwer ist, einen sexuellen Missbrauch zu verifizieren, ist bei Verdachtsfällen immer die Rücksprache zum weiteren Vorgehen bei einer Fachorganisation empfohlen, z. B. bei einer Geschäftsstelle des „Deutschen Kinderschutzbundes" (weitere Infos unter www.dksb.de). Dabei dürfen die Eltern dann nicht in Kenntnis gesetzt werden, wenn sie im Verdacht der mittelbaren oder unmittelbaren Täterschaft stehen. Dieses Vorgehen dient auch der emotionalen Stärkung der involvierten Fachkraft.

Vorsicht beim Einschalten der Polizei!

Sexuelle Übergriffe auf Kinder sind in Deutschland sog. „Offizialdelikte", d. h., die Polizei muss – hat sie einmal Kenntnis von einer Tat – von Amtswegen ermitteln. Das bedeutet, eine einmal erstattete Anzeige lässt sich nicht mehr zurücknehmen. Es ist daher vorher sorgsam abzuwägen, ob das Opfer diesen Weg gehen kann und will. Eine Anzeige zu einem späteren Zeitpunkt (aufgrund der verlängerten Verjährungsfristen von 30 Jahren) ist immer möglich. Im Mittelpunkt der Intervention muss der Schutz des Kindes vor weiteren Übergriffen stehen und darauf muss sich das Handeln der Fachkraft ausrichten.

Unter welchen Folgen leiden die betroffenen Kinder und Jugendlichen?

Die Folgen für die Opfer sind in der Regel schwerwiegend und langwierig – oft leiden die Betroffenen noch bis ins hohe Erwachsenenalter unter den Nachwirkungen des Missbrauches.

Wie stark die Auswirkungen des Missbrauchs sind, hängt von unterschiedlichen Faktoren ab:

- Wie intensiv war der Sexualkontakt? (je intensiver, desto schwerwiegender die Folgen)
- Wie alt war das Kind oder der Jugendliche beim Missbrauch? (je jünger, desto schwerwiegender die Folgen)
- Wie eng war die Beziehung zum Täter? (je enger, desto schwerwiegender die Folgen)
- Wie gefühlsbetont war die sexuelle Beziehung? (je affektiver, desto schwerwiegender die Folgen)
- Wie groß war der Altersunterschied zum Täter? (je größer, desto schwerwiegender die Folgen)
- Wie lange dauerte die sexuelle Beziehung? (je länger, desto schwerwiegender die Folgen)
- Wie gut sind die Schutzfaktoren des Kindes oder Jugendlichen ausgebildet? (je schlechter, desto schwerwiegender die Folgen)

Die Folgen für die Opfer sind zwar schwerwiegend, aber auch sehr unspezifisch. Noch ist nicht erforscht, warum welches Opfer welche Folgen aufweist.

Folgende Kurzzeitfolgen sind häufig zu beobachten:

- Angststörungen
- Posttraumatische Belastungsstörungen
- Depressionen
- Selbstwertprobleme
- Schuld- und Schamgefühle
- Feindseligkeit
- Suizidgedanken
- Selbstschädigendes Verhalten
- Allgemeine Störungen der Gefühlsregulation
- Psychosomatische Beschwerden (z. B. chronische Bauchschmerzen ohne körperlichen Befund)
- Ess- und Schlafstörungen
- Einnässen und Einkoten
- Unangemessenes Sexualverhalten (z. B.: ausufernde Neugier an Sexualität, offenes Masturbieren, Exhibitionismus oder unangemessenes sexualisiertes Verhalten im Sozialkontakt)

Langfristig kann man bei Opfern oftmals folgende Einschränkungen und Belastungen wahrnehmen:

- Posttraumatische Belastungsstörungen
- Emotionale und kognitive Störungen: Ängstlichkeit, Depression, Unsicherheit, Schuld- und Schamgefühle
- Impulsivität, emotionale Instabilität, Borderline-Persönlichkeitsstörung
- Selbstschädigendes Verhalten bis hin zu Suizidgedanken und -versuche
- Psychosomatische Symptome
- Dissoziative Störungen
- Schlafstörungen: Einschlaf- und Durchschlafstörungen
- Sprachstörungen
- Essstörungen: Magersucht, Bulimie
- Substanzgebundenes Suchtverhalten: Alkoholmissbrauch und Abhängigkeit, Drogenkonsum
- Sexuelle Störungen: sexuelle Funktionsstörungen, unbefriedigende Sexualität, Promiskuität, Prostitution
- Störungen interpersonaler Beziehungen: Furcht oder Feindseligkeit, Unzufriedenheit in intimen Beziehungen

Welche Hilfen benötigen die betroffenen Kinder und Jugendlichen?

Die erste und wichtigste Hilfe für die Opfer ist die schnellstmögliche (aber dennoch behutsame) Trennung vom Täter. Dabei sollte der Täter aus dem System entfernt werden. Erst wenn dies nicht möglich ist, muss das Kind/der Jugendliche aus dem System (oft der Familie) herausgenommen werden. Das Problem ist, dass dieses Vorgehen oftmals alle vorhandenen Bindungen des Kindes oder des Jugendlichen kappt und das Opfer die Trennung als eine Bestrafung ansieht. Leider ist dieses Vorgehen aber oftmals die einzig mögliche Maßnahme.

Nach der Trennung ist in einem zweiten Schritt zu schauen, welche Formen der therapeutischen Unterstützung das Opfer braucht und diese Hilfen dann zu initiieren. Da dies eine fachlich sehr schwierige Frage ist, empfiehlt es sich, hier die Unterstützung durch Fachinstitutionen zu nutzen.

Ebenfalls sinnvoll kann – gerade bei älteren Opfern – eine juristische Beratung sein, um sich über straf- und zivilrechtliche Möglichkeiten zu informieren und entsprechend handeln zu können. Die einschlägigen Opferschutzorganisationen vermitteln entsprechende Rechtsberatungen oder führen sie selbst durch.

Melden Sie einen Verdacht auf sexuellen Missbrauch sofort dem Jugendamt!

In Verdachtsfällen auf sexuellen Missbrauch ist es ratsam, sofort das Jugendamt zu informieren und keine eigenen Bemühungen zu starten, die Situation zu bearbeiten. Dieses Vorgehen ist rechtlich einwandfrei.

Nutzen Sie ein Screening-Verfahren zum Erkennen von Kindeswohlgefährdung!

Das Landesjugendamt Baden-Württemberg hat ein Instrument zum Erkennen und Bewerten von Kindeswohlgefährdungen entwickelt und evaluiert, das für die Altersgruppe 0;4 – 6;11 Jahre geeignet ist.

Eigentlich wurde dieses Instrument für Erzieher in Kindertageseinrichtungen konzipiert, es kann aber mit leichten Einschränkungen auch von Angehörigen der Medizinalfachberufe und auch von Lehrern, die jüngere Kinder unterrichten, genutzt werden.

In einer Checkliste werden wesentliche Elemente der Kindeswohlgefährdung abgefragt.

Aspekte der folgenden Bereiche werden überprüft:

- Gesundheit
- Ernährung
- Kleidung
- Auffälligkeiten körperlicher Gewalteinwirkung
- Motorische und sprachliche Auffälligkeiten
- Verhaltensauffälligkeiten
- Allgemeine Auffälligkeiten aufseiten der Eltern
- Auffälligkeiten in der Beziehung zum Kind
- Verhalten bei Ansprache auf Auffälligkeiten/Missstände

Es ist die Aufgabe der einschätzenden Fachkraft, die Intensität und Häufigkeit des Auftretens der einzelnen Aspekte zu bewerten. Dazu liegt zur Orientierung ein Manual vor, das detaillierte Anleitungen zur Anwendung bereithält.

Das Verfahren steht kostenlos zur Verfügung unter: http://www.kvjs.de/jugend/kinderschutz/kiwo-skala-kinderschutz-in-tageseinrichtungen.html

Wer macht was im „System Kinderschutz" in Deutschland?

Das beschriebene Recht der Eltern, ihre Kinder zu pflegen und zu erziehen, findet dort seine Grenzen, wo Eltern das Wohl ihrer Kinder durch schädliche Handlungen (z. B. indem sie ihre Kinder körperlich misshandeln) oder durch das Unterlassen fürsorglicher Handlungen (z. B. indem sie ihre Kinder durch mangelnde Versorgung vernachlässigen) gefährden. Ab diesem Punkt greift das sogenannte „Wächteramt des Staates" (siehe Kap. „Was ist eine Kindeswohlgefährdung")

Rolle und Aufgaben des Jugendamtes

Der wichtigste Akteur, der über das Wohl von Kindern und Jugendlichen zu wachen hat, ist das Jugendamt. Viele Jugendämter haben mittlerweile hierzu spezielle Abteilungen und Dienste eingerichtet.

Das Jugendamt geht jedem Verdacht nach.

Das Jugendamt hat jedem Hinweis auf eine Gefährdung eines Kindes oder Jugendlichen im Vier-Augen-Prinzip nachzugehen und zu überprüfen, ob tatsächlich eine Kindeswohlgefährdung vorliegt. Es ist hierfür völlig gleichgültig, auf welchem Weg die Meldung das Jugendamt erreicht und von wem sie kommt – sei es telefonisch, per E-Mail, anonym oder namentlich.

Dieses Prinzip bedeutet im Übrigen, dass es keinen „Generalverdacht" gegen Eltern in Deutschland gibt, es also keine präventive Überwachung von Eltern geben darf. Für das Tätigwerden des Jugendamtes ist immer ein Hinweis als auslösendes Moment erforderlich.

Das Jugendamt diagnostiziert eine Kindeswohlgefährdung.

Das Jugendamt entscheidet selbstständig darüber, welche Schritte zur Diagnose einer Kindeswohlgefährdung notwendig sind, welche Informationen bei wem eingeholt werden müssen und ob ein Hausbesuch notwendig ist, wobei bei kleinen Kindern (bis zum Grundschulalter) davon auszugehen ist, dass ein Hausbesuch immer notwendig ist.

Das Jugendamt bezieht die Eltern ein.

Dabei sind die Eltern des Kindes oder des Jugendlichen über diesen Abklärungsprozess in aller Regel zu informieren, sie müssen auch aktiv in diesen einbezogen werden. Diese Verpflichtung entfällt nur dann, wenn das Kind oder der Jugendliche dadurch noch stärker gefährdet werden könnte – denkbar bei einem Verdacht auf sexuellen Missbrauch in der Herkunftsfamilie. Dann darf das Jugendamt quasi „hinter dem Rücken" der Eltern tätig werden – sonst nicht. Die Eltern sind also vorab über die (diagnostischen) Schritte des Jugendamtes in Kenntnis zu setzen und sie müssen diesen auch zustimmen, beispielsweise wenn das Jugendamt bei der Ergotherapeutin Informationen einholen möchte (siehe hierzu auch das Kap. „Wann darf/muss ich wen informieren ...").

Das Jugendamt bietet geeignete Hilfen an.

Wird tatsächlich eine Gefährdung des Kindeswohls festgestellt, dann bietet das Jugendamt den Eltern zunächst geeignete Hilfen an, um die Gefährdung zu beseitigen. Dabei kommen besonders die „Hilfen zur Erziehung" (§§ 27ff SGB VIII), wie die „Sozialpädagogische Familienhilfe" oder „Tagesgruppen" infrage. Aber auch andere Hilfen, wie die Vermittlung in spezielle Beratungseinrichtungen oder in Angebote der offenen Jugendarbeit, sind denkbar.

Hilfe hat Vorrang vor dem Eingriff.

Damit ist der wichtigste Grundsatz in der Arbeit des Jugendamtes charakterisiert: Hilfen vor Eingriff: Es geht in betroffenen Familien zu allererst immer darum, die Gefährdung des Kindeswohls durch die Implementierung passender Hilfen zu beseitigen.

Eine Intervention im Sinne eines Eingriffs in die elterliche Sorge oder gar im Sinne der Wegnahme des Kindes oder des Jugendlichen von seinen Eltern (im Rahmen eines Entzugs der elterlichen Sorge) ist in diesem Verfahren immer nachrangig, also erst denkbar, wenn alle anderen Maßnahmen abgelehnt wurden oder scheiterten.

§ Die Rechtsgrundlage des Jugendamtes in Kinderschutzfällen: § 8a Sozialgesetzbuch (SGB) VIII

In der entsprechenden Vorschrift (§ 8a Abs. 1 SGB VIII) heißt es zu diesem Teil des Verfahrens:
„Werden dem Jugendamt gewichtige Anhaltspunkte für die Gefährdung des Wohls eines Kindes oder Jugendlichen bekannt, so hat es das Gefährdungsrisiko im Zusammenwirken mehrerer Fachkräfte einzuschätzen. Soweit der wirksame Schutz dieses Kindes oder dieses Jugendlichen nicht in Frage gestellt wird, hat das Jugendamt die Erziehungsberechtigten sowie das Kind oder den Jugendlichen in die Gefährdungseinschätzung einzubeziehen und, sofern dies nach fachlicher Einschätzung erforderlich ist, sich dabei einen unmittelbaren Eindruck von dem Kind und von seiner persönlichen Umgebung zu verschaffen. Hält das Jugendamt zur Abwendung der Gefährdung die Gewährung von Hilfen für geeignet und notwendig, so hat es diese den Erziehungsberechtigten anzubieten."

Anrufung des Familiengerichts durch das Jugendamt, wenn die eigenen Möglichkeiten nicht ausreichen.

Die Inanspruchnahme der angebotenen Hilfen ist für die Eltern grundsätzlich freiwillig. Das Jugendamt ist also zunächst immer auf die Kooperationsbereitschaft und Mitwirkung der Eltern angewiesen.

Wirken die Eltern an der Einschätzung einer Kindeswohlgefährdung nicht mit oder nehmen sie angebotene und für notwendig erachtete Hilfen durch das Jugendamt nicht an, so ist das Jugendamt in einem nächsten Schritt immer auf die Mitwirkung des Familiengerichts angewiesen.

Konkret bedeutet dies: Eltern, die dem Jugendamt beispielsweise den Zutritt in ihre Wohnung verwehren, Gespräche über ihre Situation verweigern oder dringend benötigte Schweigepflichtentbindungen zur Rücksprache, beispielsweise beim Kinderarzt, verweigern, machen dem Jugendamt die Erfüllung seines Schutzauftrags unmöglich. In diesem Fall wird das Jugendamt das Familiengericht einschalten und dort anregen, entsprechende Maßnahmen, wie die Verpflichtung der Eltern zu Mitwirkung bei der Diagnose, gerichtlich anzuordnen. Das Gleiche gilt auch, wenn die Eltern dringend notwendige Hilfen des Jugendamtes verweigern.

Dem Familiengericht steht dann eine große Palette an Interventionsmöglichkeiten zur Verfügung, wobei immer der Grundsatz gilt, dass die Eingriffsvariante gewählt werden muss, die das Elternrecht am wenigsten einschränkt.

Denkbare familiengerichtliche Interventionen sind:

- Die Anberaumung eines Anhörungstermins
- Ein richterliches „Erziehungsgespräch" mit den Sorgeberechtigten
- Eine Ermahnung der Sorgeberechtigten
- Auflagen, bestimmte, aus der Sicht des Jugendamtes erforderliche Maßnahmen anzunehmen – ggf. verbunden mit Auflagen bzw. Weisungen
- Der Beschluss verschiedener Kontrollmaßnahmen zum Nachweis, dass Maßnahmen durchgeführt sowie Auflagen und Weisungen eingehalten werden
- Ein teilweiser oder vollständiger Sorgerechtsentzug

Das Jugendamt wird die Eltern immer darauf hinweisen, dass, wenn sie nicht mitarbeiten oder dringend notwendige Hilfen nicht annehmen, das Familiengericht eingeschaltet wird.

Somit kann das Annehmen dieser Hilfen faktisch nur als „semifreiwillig" bezeichnet werden, denn es schwebt in solchen Situationen immer das Damoklesschwert eines familiengerichtlichen Verfahrens über den Eltern.

In Fällen, in denen die Eltern nicht an einer Gefährdungsabschätzung mitarbeiten oder dringend notwendige Hilfen ablehnen und in denen das Jugendamt nicht auf eine Entscheidung des Gerichts warten kann, weil das Kind oder der Jugendliche ansonsten in eine bedrohliche Situation geraten würde, ist das Jugendamt berechtigt und auch verpflichtet, diese Kinder oder Jugendlichen in Obhut zu nehmen (vgl. § 42 SGB VIII). Hierunter ist zu verstehen, dass das Jugendamt die Berechtigung hat, Kinder und Jugendliche von ihren Eltern wegzunehmen, also in das Elternrecht einzugreifen, ohne jedoch einen Gerichtsbeschluss zu haben. Eine solche Maßnahme ist immer nur vorläufig, der entsprechende Gerichtsbeschluss ist durch das Jugendamt unverzüglich nachzuholen.

§

Die Rechtsgrundlage zur Anrufung des Familiengerichts durch das Jugendamt: § 8a Abs. 2 SGB VIII

„Hält das Jugendamt das Tätigwerden des Familiengerichts für erforderlich, so hat es das Gericht anzurufen; dies gilt auch, wenn die Erziehungsberechtigten nicht bereit oder in der Lage sind, bei der Abschätzung des Gefährdungsrisikos mitzuwirken. Besteht eine dringende Gefahr und kann die Entscheidung des Gerichts nicht abgewartet werden, so ist das Jugendamt verpflichtet, das Kind oder den Jugendlichen in Obhut zu nehmen."

Beispiel

Eingriffsmöglichkeiten des Jugendamtes – ein Fallbeispiel

Die Großmutter eines 5-jährigen Mädchens, das bei seiner alleinerziehenden Mutter lebt, macht sich große Sorgen um ihre Enkelin, da sie vermutet, dass die Mutter aufgrund eines Alkoholproblems nicht mehr ausreichend in der Lage ist, ihre Tochter zu versorgen und zu betreuen. Nachdem die Großmutter vergeblich versucht hat, auf ihre Tochter einzuwirken, sich Hilfe zu holen, wendet sie sich nun in einer namentlichen Mitteilung an das Jugendamt und schildert dort ihre Bedenken und Sorgen. Das Jugendamt wird nach dieser Meldung, die einen gewichtigen Anhaltspunkt für die Gefährdung des 5-jährigen Mädchens enthält, Kontakt zur Kindesmutter aufnehmen und versuchen, einen Gesprächstermin mit der Mutter zu vereinbaren.

Während des Gesprächstermins macht sich das Jugendamt – angesichts des jungen Alters des Mädchens sicherlich im Rahmen eines Hausbesuchs – selbst ein Bild von der Situation in der Familie. Das Jugendamt spricht zunächst ausführlich mit der Mutter und auch mit dem Mädchen, um einschätzen zu können, ob die Mutter ihren Erziehungs- und Versorgungspflichten nachkommen kann. Auch die Besichtigung des häuslichen Umfelds, zum Beispiel zur Frage des Zustands der Wohnung, fließt in diese Einschätzung ein.

Das Jugendamt wird in diesem Fall auch überlegen, ob weitere Informationen wichtig sind, zum Beispiel vom Kinderarzt oder den Erziehern des Mädchens im Kindergarten. Hält das Jugendamt Rücksprache mit diesen Stellen für nötig, wird es die Mutter bitten, im Rahmen einer Schweigepflichtentbindung zu gestatten, mit diesen Personen zu sprechen. Hierdurch soll das Bild von der Situation des Mädchens vervollständigt werden.

Angenommen, die Befürchtung der Großmutter, die Mutter sei nicht mehr ausreichend in der Lage, ihre Tochter zu versorgen, bewahrheitet sich, so wird das Jugendamt der Mutter zunächst geeignete Hilfen anbieten, um die Situation zu verbessern.

Denkbar wären hier zum Beispiel die Einrichtung einer Sozialpädagogischen Familienhilfe und die Anbindung der Mutter an eine Suchtberatungsstelle oder eine Selbsthilfegruppe für alkoholkranke Menschen. Nimmt die Mutter die angebotenen Hilfen an, wird das Jugendamt den Hilfeprozess begleiten, um zu prüfen, ob sich die Situation in der Familie nachhaltig verbessert. Trifft das zu und ist die Mutter nicht mehr erzieherisch durch ihren Alkoholkonsum eingeschränkt, kann man davon ausgehen, dass die Kindeswohlgefährdung beseitigt ist.

Möglich ist aber auch, dass die Mutter das Jugendamt überhaupt nicht in die Wohnung lässt, keine Auskunft über ihre Situation erteilt, die Zustimmung zur Einholung von Informationen bei Dritten verweigert oder angebotene Hilfen, wie zum Beispiel die Sozialpädagogische Familienhilfe, ablehnt.

Geht das Jugendamt in dieser Konstellation von einer Gefährdung des Kindeswohls aus, leitet es ein familiengerichtliches Verfahren ein, um die Mutter mithilfe der Autorität und der Möglichkeiten des Gerichts dazu zu bewegen, zu kooperieren.

Scheitert auch dieser Versuch, zum Beispiel weil die Mutter nach wie vor nicht kooperiert oder weil sich das Alkoholproblem trotz der angebotenen und auch in Anspruch genommenen Hilfen nicht beseitigen lässt, ist dann in einer letzten Stufe darüber nachzudenken, ob eine Wegnahme des Kindes von seiner Mutter, gegebenenfalls verbunden mit einem Sorgerechtsentzug, zum Schutz des Kindeswohls notwendig ist.

Rolle und Aufgaben der freien Träger der Jugendhilfe, z. B. Kindertageseinrichtungen

Weitere wichtige Akteure beim Kinderschutz sind die sogenannten „freien Träger der Jugendhilfe", das sind alle Einrichtungen, die Leistungen nach dem SGB VIII erbringen. Hier geht es auch und vor allem um die Kindertageseinrichtungen, da diese Einrichtungen sehr viele Kinder betreuen, und zwar lange am Tag und über einen Zeitraum von mehreren Jahren, und daher einen guten und professionellen Blick auf das Thema „Kindeswohl" haben.

Der Gesetzgeber hat diesen Einrichtungen mit einer Reform des SGB VIII im Jahr 2005 einen eigenständigen Schutzauftrag übertragen.

Die Mitarbeiter von Kindertageseinrichtungen sind verpflichtet, für den Fall, dass sie eine Gefährdung des Kindeswohls wahrnehmen, diesem Verdacht eigenständig nachzugehen.

Es ist also nicht mehr vorgesehen, dass in solchen Fällen sofort das Jugendamt informiert wird, vielmehr ist es die Aufgabe der Fachkräfte in den Einrichtungen, zunächst selbst eine Einschätzung (Diagnose) vorzunehmen und den Eltern geeignete und notwendige Hilfen anzubieten. Hier besteht eine Analogie zu den Vorschriften, die das Jugendamt betreffen. Die Mitarbeiter dieser Einrichtungen sind verpflichtet, den Schutzauftrag in fast gleicher Weise wie das Jugendamt wahrzunehmen. Ergänzend müssen alle Einrichtungen und Dienste, die Jugendhilfeleistungen erbringen, eine „insoweit erfahrene Fachkraft" in ihrem Haus vorhalten, die die Mitarbeiter bei dieser Aufgabe beratend unterstützt. Alle Regelungen zur Einbeziehung von Eltern in diesen Prozess der Gefährdungseinschätzung, wie sie für die Jugendämter geregelt sind, gelten auch hier analog.

Erst wenn die Mitarbeiter der Einrichtungen in ihren Bemühungen gescheitert sind, sind sie befugt, dann aber auch verpflichtet, das Jugendamt zu informieren und damit das entsprechende Handlungsschema (wie es hier beschrieben wurde) auszulösen.

Praktisch sind also in diesem Bereich Fälle denkbar, in denen, beispielsweise von einer Erzieherin im Kindergarten, eine Kindeswohlgefährdung bei einem betreuten Kind wahrgenommen wird. Die Erzieherinnen nehmen eine Gefährdungseinschätzung vor und bieten im Anschluss den Eltern entsprechende Hilfen an, um so die Kindeswohlgefährdung abzuwenden.

Gelingt dies, wurde der Schutzauftrag durch die Erzieher im Kindergarten wahrgenommen, ohne dass eine Einbeziehung des Jugendamtes in den Fall stattgefunden hätte. Damit wird deutlich, dass diesen Personengruppen ein erheblicher Zuwachs an Verantwortung übertragen wurde, um das Wohl von Kindern oder Jugendlichen zu schützen.

Rolle und Aufgaben der medizinischen Berufe (Ärzte, therapeutische Berufe) und der Lehrer

Zum 01.01.2012 trat als weiterer Meilenstein des Kinderschutzes in Deutschland das „Bundeskinderschutzgesetz" (eigentlicher Titel: „Gesetz zur Kooperation und Information im Kinderschutz (KKG)") in Kraft. Mit diesem Gesetz will der Gesetzgeber zwei Ziele erreichen:

Zum einen sollen Angebote im Bereich der „Frühen Hilfen" etabliert und vernetzt werden (worauf hier nicht weiter eingegangen werden soll). Zum anderen konkretisiert das Gesetz die Rechte und Pflichten weiterer Berufsgruppen, was das Thema „Kinderschutz" angeht.
Zu den im Gesetz genannten Personen zählen neben Ärzten alle medizinischen Berufe, wie Ergotherapeuten, Physiotherapeuten, Logopäden/Sprachtherapeuten, aber auch Krankenschwestern und -pfleger, Lehrer und viele mehr.

Der Gesetzgeber hat diesen Personengruppen einen eigenständigen Schutzauftrag für das Wohl der Kinder und Jugendlichen übertragen. Ihre Rechte und Pflichten beim Thema Kinderschutz wurden konkret ausgestaltet.

Gesetz zur Kooperation und Information im Kinderschutz (KKG)

§ 4 Beratung und Übermittlung von Informationen durch Geheimnisträger bei Kindeswohlgefährdung

(1) Werden

1. Ärztinnen oder Ärzten, Hebammen oder Entbindungspflegern oder Angehörigen eines anderen Heilberufes, der für die Berufsausübung oder die Führung der Berufsbezeichnung eine staatlich geregelte Ausbildung erfordert,
2. Berufspsychologinnen oder -psychologen mit staatlich anerkannter wissenschaftlicher Abschlussprüfung,
3. Ehe-, Familien-, Erziehungs- oder Jugendberaterinnen oder -beratern sowie
4. Beraterinnen oder Beratern für Suchtfragen in einer Beratungsstelle, die von einer Behörde oder Körperschaft, Anstalt oder Stiftung des öffentlichen Rechts anerkannt ist,
5. Mitgliedern oder Beauftragten einer anerkannten Beratungsstelle nach den §§ 3 und 8 des Schwangerschaftskonfliktgesetzes,
6. staatlich anerkannten Sozialarbeiterinnen oder -arbeitern oder staatlich anerkannten Sozialpädagoginnen oder -pädagogen oder
7. Lehrerinnen oder Lehrern an öffentlichen und an staatlich anerkannten privaten Schulen

in Ausübung ihrer beruflichen Tätigkeit gewichtige Anhaltspunkte für die Gefährdung des Wohls eines Kindes oder eines Jugendlichen bekannt, so sollen sie mit dem Kind oder Jugendlichen und den Personensorgeberechtigten die Situation erörtern und, soweit erforderlich, bei den Personensorgeberechtigten auf die Inanspruchnahme von Hilfen hinwirken, soweit hierdurch der wirksame Schutz des Kindes oder des Jugendlichen nicht in Frage gestellt wird.

(2) Die Personen nach Absatz 1 haben zur Einschätzung der Kindeswohlgefährdung gegenüber dem Träger der öffentlichen Jugendhilfe Anspruch auf Beratung durch eine insoweit erfahrene Fachkraft. Sie sind zu diesem Zweck befugt, dieser Person die dafür erforderlichen Daten zu übermitteln; vor einer Übermittlung der Daten sind diese zu pseudonymisieren.

(3) Scheidet eine Abwendung der Gefährdung nach Absatz 1 aus oder ist ein Vorgehen nach Absatz 1 erfolglos und halten die in Absatz 1 genannten Personen ein Tätigwerden des Jugendamtes für erforderlich, um eine Gefährdung des Wohls eines Kindes oder eines Jugendlichen abzuwenden, so sind sie befugt, das Jugendamt zu informieren; hierauf sind die Betroffenen vorab hinzuweisen, es sei denn, dass damit der wirksame Schutz des Kindes oder des Jugendlichen in Frage gestellt wird. Zu diesem Zweck sind die Personen nach Satz 1 befugt, dem Jugendamt die erforderlichen Daten mitzuteilen.

Sollen meint müssen!

Auch wenn im § 4 KKG Abs. 1 das Wort „sollen" verwendet wird, ist dies keine unverbindliche Handlungsempfehlung, der Fachkräfte folgen können oder eben nicht: Sollvorschriften in der juristischen Sprache sind für den Regelfall strikt bindend und einer „Mussvorschrift" sehr nahe.

Abweichungen sind nur in atypisch gelagerten Fällen gestattet, in denen konkrete, überwiegende Gründe für ein Abgehen von der Norm sprechen und die für den Normalfall geltende Regelung vom Zweck des Gesetzes nicht mehr gefordert wird. Eine solche Fallkonstellation ist aber im Bereich des Kinderschutzes nicht denkbar.

Die Schritte und Abläufe dieser Rechtsnorm im Einzelnen:

Wahrnehmung eines Verdachtsmomentes auf eine Kindeswohlgefährdung

Ein Kinderschutzfall beginnt in aller Regel mit einem „Bauchgefühl", dass mit einem Kind oder einem Jugendlichen „etwas nicht stimmt", oder mit der Wahrnehmung eines Merkmals, z. B. einer körperlichen Verletzung oder einer merkwürdigen Äußerung des Kindes oder Jugendlichen, die einen stutzen lässt.

Die Frage, ab welchem Schweregrad oder ab welcher Dramatik dieser ersten Wahrnehmung das weitere Vorgehen ausgelöst wird, ist schwer zu beantworten.

Es kann aber der Grundsatz „lieber einmal zu viel als einmal zu wenig" genutzt werden. Denn Fachkräfte, z. B. Lehrer, sollten bedenken, dass ein Nicht-Handeln schwerwiegende Folgen für das Kind oder die Jugendlichen haben kann, denn es ist ja keineswegs gesagt, dass irgendjemand anderes tätig wird, um das Kind zu schützen. Ohne dramatisieren zu wollen, kann man sagen, dass Ärzte und Angehörige der Medizinalfachberufe sowie Lehrer nicht selten diejenigen sind, die bei einer Kindeswohlgefährdung intervenieren können, da sie regelmäßig Kontakt zu dem Kind/dem Jugendlichen haben und in der Regel das Vertrauen der Eltern genießen. Vor allem ist zu bedenken, dass ein Nicht-Handeln von Ärzten, Angehörigen der medizinischen Berufe und Lehrern auch bedeuten kann, dass dem Kind oder dem Jugendlichen nicht geholfen wird. Denn häufig sind diese Fachkräfte die Einzigen, die die entsprechenden Beobachtungen machen.

In einem ersten Schritt ist die Frage zu beantworten, ob eine sofortige Intervention des Jugendamtes erforderlich ist. Dies ist nur in Fällen notwendig, in denen ein schwerer Schaden für das Kind oder den Jugendlichen sehr wahrscheinlich ist, wenn nicht unverzüglich ein Schutzkonzept entwickelt wird.

Denkbare Beispiele hierfür wären:

- Eine extreme Unterversorgung des Kindes oder eines Geschwisterkindes, die eine akute Gefahr für die Gesundheit oder gar das Leben des Kindes darstellt.
- Die Befürchtung, dass Eltern etwas Irreversibles mit ihrem Kind machen, z. B. eine Beschneidung bei einem Mädchen planen, und damit das Wohl des Kindes gefährden.

Kann eine solche akute Gefahr ausgeschlossen werden und muss das Jugendamt nicht sofort eingeschaltet werden (im Übrigen darf das Jugendamt dann auch nicht sofort eingeschaltet werden, vgl. Kap. zum Datenschutz), folgt nun das strukturierte Vorgehen, wie es § 4 KKG vorsieht.

Die wichtigste Strategie ist zunächst, nicht in Panik zu verfallen, sondern in aller Ruhe genau und strukturiert zu verfahren, um den Verdacht zu bestätigen oder zu widerlegen.

Beziehen Sie die Vorgesetzten ein!

Auch wenn es rechtlich nicht erforderlich ist, ist es doch empfehlenswert, Vorgesetzte schon bei der ersten Wahrnehmung eines Verdachts auf eine Kindeswohlgefährdung zu informieren und auch über alle weiteren Schritte auf dem Laufenden zu halten.

Kinderschutzfälle haben häufig die Tendenz zu eskalieren. Da ist es hilfreich, wenn notwendig, die Rückendeckung der Vorgesetzten zu haben.

Aber: Wenn Vorgesetzte die Fachkraft auffordern, nicht tätig zu werden, sind die Fachkräfte an diese Weisung nicht gebunden, denn das Bundeskinderschutzgesetz sieht die einzelne Fachkraft in der Handlungsverantwortung – es ist keine Organisationsverantwortung vorgesehen. In solchen Fällen ist allerdings mit schwerwiegenden Konflikten im Binnenverhältnis zu Vorgesetzten zu rechnen.

Nutzen Sie kollegiale Beratung!

Während des gesamten Prozesses der Fallbearbeitung sollten Fachkräfte immer kollegiale Beratung in der eigenen Einrichtung/in der Schule in Anspruch nehmen. Dies hat zwei Effekte: Zum einen fundiert es die fachliche Bewertung des Falles, zum anderen entlastet es die Fachkräfte emotional und gibt ihnen Handlungssicherheit.

Screening zur Überprüfung des Verdachts

Ein Screening zur Frage der Sicherstellung des Kindeswohls überprüft immer alle wichtigen Bereiche und Indikatoren, die auf eine Kindeswohlgefährdung hindeuten könnten. Es stellt ihnen die in Familien und bei den einzelnen Familienmitgliedern vorhandenen Ressourcen und Fähigkeiten gegenüber, um so zu einer fundierten Einschätzung zu kommen.

Die Indikatorenliste der Freien und Hansestadt Hamburg bietet eine gute Orientierung!

Die Freie und Hansestadt Hamburg hat eine hervorragende Liste dieser Indikatoren zusammengestellt.[1] Diese Indikatorenliste wird bundesweit verwendet. Sie ist nah an den kindlichen Grundbedürfnissen orientiert und die Grundlage vieler Risikoeinschätzungssysteme geworden. Viele Merkmale, die bereits zu den einzelnen Gefährdungstatbeständen ausgeführt wurden, finden sich in dieser Indikatorenliste wieder.

Die Indikatorenliste umfasst folgende Bereiche der kindlichen Entwicklung:

Grundversorgung und Schutz des Kindes

- Altersangemessene Ernährungssituation
- Angemessene Schlafmöglichkeiten
- Ausreichende Körperpflege
- Witterungsangemessene Kleidung
- Sicherstellung des Schutzes vor Gefahren
- Gesicherte Betreuung und Aufsicht
- Sicherung von gesundheitlicher Vor- und Fürsorge
- Anregung/Spielmöglichkeiten des Kindes
- Sachgemäße Behandlung von Entwicklungsstörungen
- Emotionale Zuwendung durch Bezugsperson/en
- Gewährung altersangemessener Freiräume

Familiäre Situation/Sicherung von familiären Erziehungsleistungen

- Finanzielle/materielle Situation
- Häusliche/räumliche Situation
- Familiäre Beziehungssituation
- Soziale Situation der Familie
- Kommunikation mit dem Kind
- Gesundheitliche Situation der Erziehungsperson/en

1 http://epub.sub.uni-hamburg.de/epub/volltexte/2008/2078/pdf/data.pdf [05.03.2015]

Indikatoren für Risiken und Ressourcen der Familien/Familienmitglieder

- Finanzielle/materielle Situation
- Soziale Situation
- Familiäre Situation
- Persönliche Situation der Erziehungsperson/en
- Situation des Kindes

Ressourcen

- Finanzielle/materielle Situation
- Soziale Situation
- Familiäre Situation
- Persönliche Situation der Erziehungsperson/en
- Situation des Kindes

Sie finden die vollständige Liste mit allen Indikatoren in der Arbeitshilfe „Der Schutzauftrag bei Kindeswohlgefährdung – Arbeitshilfe zur Kooperation zwischen Jugendamt und Trägern der freien Kinder- und Jugendhilfe" des Instituts für Soziale Arbeit in Münster ab Seite 108, abzurufen unter: http://www.isa-muenster.de/material/downloads/index.html

Wem eine solche „offene Form" einer Indikatorenliste zu wenig strukturiert ist und wer dabei das Gefühl hat, damit ins „Blaue" hinein zu diagnostizieren, sollte ein Verfahren anwenden, das strukturierter überprüft, wie gut die Grundbedürfnisse des Kindes oder des Jugendlichen erfüllt sind und ob eine Kindeswohlgefährdung vorliegt.

Das Problem ist, dass es aktuell kein Verfahren für Angehörige der Medizinalfachberufe oder für Lehrer gibt. Es ist also nötig, sich in anderen Bereichen zu bedienen.

Dazu bieten sich mehrere Verfahren an:

KiWo-Skala: Kinderschutz in Tageseinrichtungen für Kinder

Zum einen das bereits in Kapitel „Welche Formen der Kindswohlgefährdung gibt es?" vorgestellte Screening des Kommunalverbandes für Jugend und Soziales (KVJS) Baden-Württemberg. Es wurde für das Screening von Kindern im Vorschulalter in Tageseinrichtungen entwickelt und passt sehr gut auf die Situation und Wahrnehmungsmöglichkeiten der Medizinalfachberufe und Lehrer, die jüngere Kinder unterrichten. Herzstück dieses Verfahrens ist eine Ankreuzskala, bei der die anwendende Fachkraft jeweils entscheiden muss, ob ein bestimmtes Merkmal einer Kindeswohlgefährdung erfüllt ist. Das Verfahren lässt sehr wenig Spielraum für Fehleinschätzungen, da die einzelnen Items sehr genau beschrieben sind, und wird daher gerade von Menschen geschätzt, die noch nicht so viel Erfahrung mit Kinderschutzfällen haben. Ein Manual erläutert ausführlich die Anwendung des Verfahrens. Neben Risikofaktoren werden auch Ressourcen in der Familie ermittelt.[2]

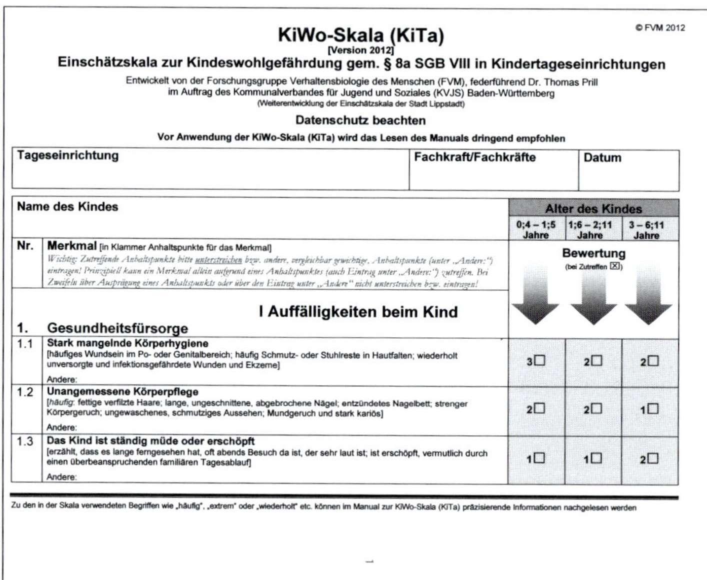

© FVM 2012

KiWo-Skala (KiTa)
[Version 2012]
Einschätzskala zur Kindeswohlgefährdung gem. § 8a SGB VIII in Kindertageseinrichtungen

Entwickelt von der Forschungsgruppe Verhaltensbiologie des Menschen (FVM), federführend Dr. Thomas Prill
im Auftrag des Kommunalverbandes für Jugend und Soziales (KVJS) Baden-Württemberg
(Weiterentwicklung der Einschätzskala der Stadt Lippstadt)

Datenschutz beachten

Vor Anwendung der KiWo-Skala (KiTa) wird das Lesen des Manuals dringend empfohlen

Tageseinrichtung	Fachkraft/Fachkräfte	Datum

Name des Kindes		Alter des Kindes		
		0;4 – 1;5 Jahre	1;6 – 2;11 Jahre	3 – 6;11 Jahre
Nr.	**Merkmal** [in Klammer Anhaltspunkte für das Merkmal] *Wichtig: Zutreffende Anhaltspunkte bitte unterstreichen bzw. andere, vergleichbar gewichtige, Anhaltspunkte (unter „Andere:") eintragen! Prinzipiell kann ein Merkmal allein aufgrund eines Anhaltspunktes (auch Eintrag unter „Andere:") zutreffen. Bei Zweifeln über Ausprägung eines Anhaltspunkts oder über den Eintrag unter „Andere" nicht unterstreichen bzw. eintragen!*	**Bewertung** (bei Zutreffen ☒)		
	I Auffälligkeiten beim Kind			
1.	**Gesundheitsfürsorge**			
1.1	**Stark mangelnde Körperhygiene** [häufiges Wundsein im Po- oder Genitalbereich; häufig Schmutz- oder Stuhlreste in Hautfalten; wiederholt unversorgte und infektionsgefährdete Wunden und Ekzeme] Andere:	3☐	2☐	2☐
1.2	**Unangemessene Körperpflege** [*häufig*: fettige verfilzte Haare; lange, ungeschnittene, abgebrochene Nägel; entzündetes Nagelbett; strenger Körpergeruch; ungewaschenes, schmutziges Aussehen; Mundgeruch und stark kariös] Andere:	2☐	2☐	1☐
1.3	**Das Kind ist ständig müde oder erschöpft** [erzählt, dass es lange ferngesehen hat, oft abends Besuch da ist, der sehr laut ist; ist erschöpft, vermutlich durch einen überbeanspruchenden familiären Tagesablauf] Andere:	1☐	1☐	2☐

Zu den in der Skala verwendeten Begriffen wie „häufig", „extrem" oder „wiederholt" etc. können im Manual zur KiWo-Skala (KiTa) präzisierende Informationen nachgelesen werden

Abb. 7: KiWo-Skalen des KVJS Baden-Württemberg

2 http://www.kvjs.de/jugend/kinderschutz/kiwo-skala-kinderschutz-in-tageseinrichtungen.html [05.03.2015]

Melde- und Prüfbögen des Instituts für Soziale Arbeit, Münster, auf einer Vorlage der Stadt Recklinghausen

Dieses Screening-Verfahren wurde eigentlich für Träger der Jugendhilfe entwickelt und adressiert Kinder und Jugendliche im Alter von 0-18 Jahren. Es geht in diesem Verfahren darum, bestimmte Merkmale einer Kindeswohlgefährdung mithilfe eines Ampelsystems einzuschätzen (grün = die Bedürfnisse des Kindes oder des/der Jugendlichen werden sicher befriedigt; gelb = die Einschätzung ist nicht sicher, es fehlen Wahrnehmungen; rot = signalisiert den Gefahrenbereich: Risiken sind erkennbar, Grundbedürfnisse sind bedroht). Das Verfahren erfordert etwas mehr fachliche Bewertung der einzelnen Items als die KiWo-Skala, ein mitgeliefertes Handbuch erläutert die Anwendung aber gut.[3]

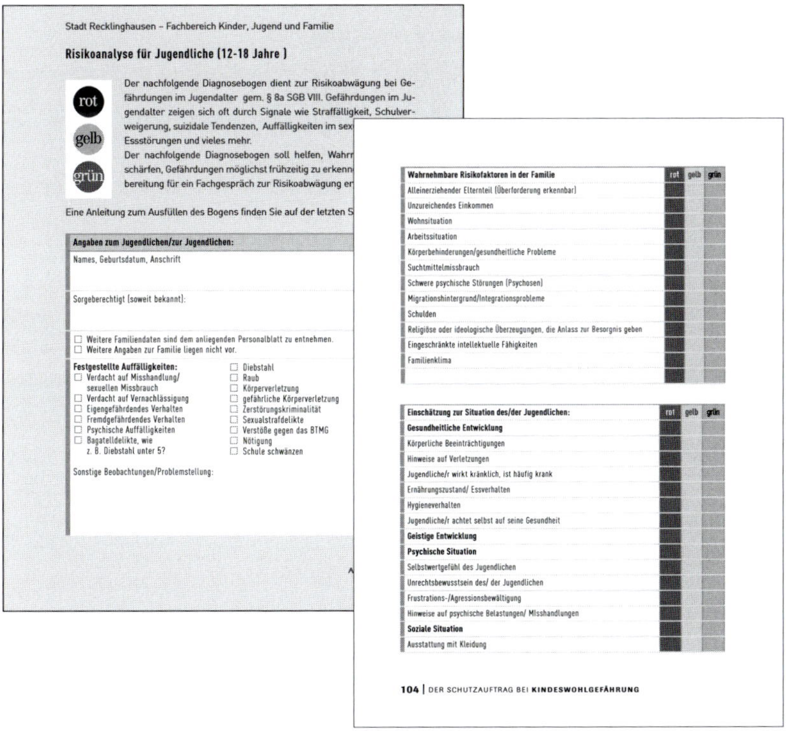

Stadt Recklinghausen – Fachbereich Kinder, Jugend und Familie

Risikoanalyse für Jugendliche (12-18 Jahre)

rot
gelb
grün

Der nachfolgende Diagnosebogen dient zur Risikoabwägung bei Gefährdungen im Jugendalter gem. § 8a SGB VIII. Gefährdungen im Jugendalter zeigen sich oft durch Signale wie Straffälligkeit, Schulverweigerung, suizidale Tendenzen, Auffälligkeiten im sex
Essstörungen und vieles mehr.
Der nachfolgende Diagnosebogen soll helfen, Wahrn
schärfen, Gefährdungen möglichst frühzeitig zu erkenn
bereitung für ein Fachgespräch zur Risikoabwägung er

Eine Anleitung zum Ausfüllen des Bogens finden Sie auf der letzten S

Angaben zum Jugendlichen/zur Jugendlichen:

Names, Geburtsdatum, Anschrift

Sorgeberechtigt (soweit bekannt):

☐ Weitere Familiendaten sind dem anliegenden Personalblatt zu entnehmen.
☐ Weitere Angaben zur Familie liegen nicht vor.

Festgestellte Auffälligkeiten:

☐ Verdacht auf Misshandlung/ sexuellen Missbrauch
☐ Verdacht auf Vernachlässigung
☐ Eigengefährdendes Verhalten
☐ Fremdgefährdendes Verhalten
☐ Psychische Auffälligkeiten
☐ Bagatelldelikte, wie z. B. Diebstahl unter 5?
☐ Diebstahl
☐ Raub
☐ Körperverletzung
☐ gefährliche Körperverletzung
☐ Zerstörungskriminalität
☐ Sexualstrafdelikte
☐ Verstöße gegen das BTMG
☐ Nötigung
☐ Schule schwänzen

Sonstige Beobachtungen/Problemstellung:

Wahrnehmbare Risikofaktoren in der Familie	rot	gelb	grün
Alleinerziehender Elternteil (Überforderung erkennbar)			
Unzureichendes Einkommen			
Wohnsituation			
Arbeitssituation			
Körperbehinderungen/gesundheitliche Probleme			
Suchtmittelmissbrauch			
Schwere psychische Störungen (Psychosen)			
Migrationshintergrund/Integrationsprobleme			
Schulden			
Religiöse oder ideologische Überzeugungen, die Anlass zur Besorgnis geben			
Eingeschränkte intellektuelle Fähigkeiten			
Familienklima			

Einschätzung zur Situation des/der Jugendlichen:	rot	gelb	grün
Gesundheitliche Entwicklung			
Körperliche Beeinträchtigungen			
Hinweise auf Verletzungen			
Jugendliche/r wirkt kränklich, ist häufig krank			
Ernährungszustand/ Essverhalten			
Hygieneverhalten			
Jugendliche/r achtet selbst auf seine Gesundheit			
Geistige Entwicklung			
Psychische Situation			
Selbstwertgefühl des Jugendlichen			
Unrechtsbewusstsein des/ der Jugendlichen			
Frustrations-/Agressionsbewältigung			
Hinweise auf psychische Belastungen/ MIsshandlungen			
Soziale Situation			
Ausstattung mit Kleidung			

104 | DER SCHUTZAUFTRAG BEI **KINDESWOHLGEFÄHRUNG**

Abb. 8: Melde- und Prüfbogen des Instituts für Soziale Arbeit, Münster

---

3 http://www.isa-muenster.de/cms/upload/downloads/schutzauftrag-bei-kindeswohlgefaehrdung.pdf [05.03.2015]

Für Ärzte ist die Situation etwas komfortabler: Alle vier Formen der Kindeswohlgefährdung (körperliche Misshandlung, sexueller Missbrauch, Vernachlässigung und psychische Misshandlung) sind im ICD 10 im Diagnoseschlüssel T74 gelistet. Anhaltspunkte zum diagnostischen Vorgehen bieten die Leitlinien der Deutschen Gesellschaft für Sozialpädiatrie und Jugendmedizin.[4]
Für Ärzte in Kliniken wurde von der Kinderschutzkommission der Deutschen Akademie für Kinder- und Jugendmedizin ein bundesweiter Kinderschutzleitfaden als gemeinsamer Qualitätsstandard im Umgang mit Misshandlungsfällen entwickelt.[5]

Hierzu bietet sich z. B. der standardisierte Dokumentationsbogen des Klinikums Kassel als Screening-Verfahren an.[6]

Nutzen Sie das Screening-Verfahren auch als Grundlage der Dokumentation

Das ausgefüllte Screening-Verfahren bietet eine hervorragende Grundlage zur lückenlosen Dokumentation des eigenen Handelns.

Weiterhin gehören zu diesem Screening-Prozess neben den standardisierten Verfahren auch:

- Gespräche mit den Eltern
- Gespräche mit den Kindern und Jugendlichen
- Rücksprache mit anderen Fachkräften und Fachstellen (Datenschutz beachten)

In vielen Fällen sind diese Gespräche auch nötig, um die einzelnen Fragen aus dem Screening-Verfahren beantworten zu können.

4 http://www.awmf.org/uploads/tx_szleitlinien/071-003_S2_Kindesmisshandlung_und_Vernachlaessigung_09-2008_12-2012.pdf [05.03.2015]

5 http://www.ag-kim.de/fileadmin/KSG-Leitfaden-1.2-30.09.2012.pdf. [05.03.2015]

6 http://www.kindesmisshandlung.de/mediapool/32/328527/data/Doku-Boegen-Neu-2010.PDF [05.03.2015]

Am Ende dieses Screening-Prozesses sollte die Beantwortung der folgenden Fragen stehen:

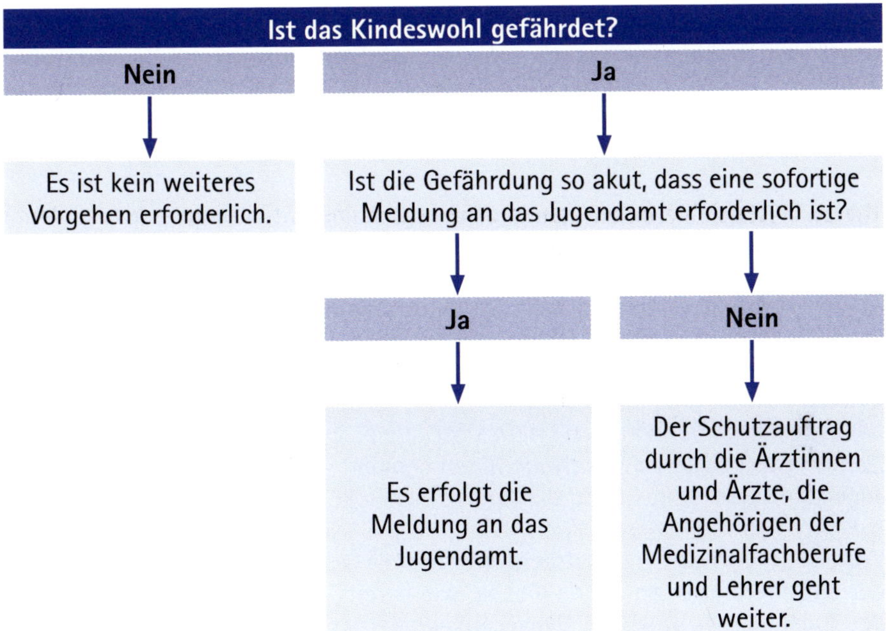

Gespräch mit den betroffenen Kindern und Jugendlichen und ihren Eltern über die eigene Wahrnehmung

Sollten den Angehörigen der genannten Berufsgruppen im Rahmen ihrer beruflichen Tätigkeit gewichtige Anhaltspunkte für die Gefährdung des Wohls eines Kindes oder eines Jugendlichen bekannt werden, verlangt der Gesetzgeber in einem ersten Schritt nach dem Screening, mit den Kindern oder Jugendlichen und ihren Eltern ein Gespräch über die Wahrnehmungen zu führen. Dabei soll genauer eruiert werden, wie sich die Situation gestaltet und ob die erste Wahrnehmung tatsächlich Anlass zur Sorge gibt. Dies formuliert der Gesetzgeber als Verpflichtung, die nur eingeschränkt wird, wenn durch ein solches Gespräch das Wohl des Kindes oder der Jugendlichen noch stärker gefährdet würde.
In diesem Gespräch ist es die Aufgabe der Fachkräfte, eine Exploration durchzuführen, inwieweit das Wohl des Kindes oder des Jugendlichen sichergestellt ist. Dies erfordert mitunter ein tiefes, für die Berufsgruppen noch ungewohntes Eintauchen in familiäre Situationen und den intimen Nahbereich von Familien.

Es bietet sich durchaus an, ein solches Gespräch getrennt vorzunehmen und zunächst nur mit dem Kind oder dem Jugendlichen alleine zu sprechen. In jedem Fall muss auch ein Gespräch mit den Eltern stattfinden.

Es sei noch darauf hingewiesen, dass die Exploration und die Gespräche mit den Eltern und ihren Kindern zur Darstellung der eigenen Wahrnehmung nicht immer sauber zu trennen sind, sodass diese Verfahrensschritte Überschneidungen aufweisen können.

Beratung der Fachkräfte durch das Jugendamt

Während des gesamten oben beschriebenen Diagnose- und Interventionsprozesses haben die Angehörigen der genannten Berufsgruppen Anspruch auf Unterstützung durch das Jugendamt. Sie können sich an das Jugendamt wenden und sich dort von einer erfahrenen Fachkraft beraten lassen. Allerdings muss für eine solche Beratung eine Pseudonymisierung der Daten der betroffenen Kinder oder Jugendlichen und deren Eltern stattfinden. Das bedeutet, dass keine realen Namen, Anschriften oder sonstige Daten genannt werden dürfen, von denen das Jugendamt Rückschlüsse auf die Familie ziehen könnte.

Würde das Jugendamt den tatsächlichen Namen des Kindes/des Jugendlichen oder der Eltern erfahren, so würde dies ja, wie bereits dargelegt, den Schutzauftrag des Jugendamtes auslösen. Genau das wollte der Gesetzgeber nicht, er wollte vielmehr, dass die genannten Berufsgruppen zunächst losgelöst vom Jugendamt selbstständig tätig werden.

Dennoch hilft die pseudonymisierte Beratung durch das Jugendamt den betroffenen und in diesem Themenfeld meist ungeübten Fachkräften, indem sie ihnen Rückhalt gibt und sie fachlich absichert.

Hilfsangebote an Eltern und Kinder

Das Bundeskinderschutzgesetz verlangt aber nicht nur, dass ein unverbindliches Gespräch mit den betroffenen Kindern/Jugendlichen und ihren Eltern geführt wird, sondern verlangt von den genannten Berufsgruppen auch, die Eltern aufzufordern, entsprechende Hilfsangebote wahrzunehmen, sofern sich der Verdacht auf eine Kindeswohlgefährdung in der Exploration der Familie erhärtet.

Konkret bedeutet dies, dass Angehörige medizinischer Berufe und Lehrer verpflichtet sind, darauf hinzuwirken, dass Eltern alles unternehmen, um die Gefährdung ihrer Kinder abzustellen.

Voraussetzung hierzu ist allerdings, dass sich die betroffenen Fachkräfte in der Landschaft des psychosozialen Netzwerks mit dessen Einrichtungen, Diensten und Hilfsangeboten vor Ort so gut auskennen, dass sie passgenaue Hilfen auswählen können, um sie den Eltern anzubieten.

Der Gesetzgeber verlangt darüber hinaus, dass diese Hilfsangebote nicht unverbindlich erfolgen sollen, sondern dass mit Nachdruck darauf hingewirkt werden muss, dass Eltern diese Hilfsangebote auch annehmen.

Eltern fällt es in schwierigen Situationen oft schwer, solche Hilfsangebote in Anspruch zu nehmen. Schwellenängste spielen hier eine große Rolle. Es ist also die Aufgabe der genannten Fachkräfte, diese Schwellenängste abzubauen und die Eltern zu ermutigen, beispielsweise eine Beratungsstelle aufzusuchen. Hierbei ist durchaus auch aktive Unterstützung von den Fachkräften sinnvoll, zum Beispiel durch das Angebot, die Eltern zum Erstgespräch zu begleiten oder die Beraterin aus der Beratungsstelle in die eigene Praxis oder die Schule einzuladen, um so den Kontakt herzustellen (siehe unten Schweigepflichtentbindung).

Begleitung und Kontrolle der in Anspruch genommenen Hilfsangebote

Da die genannten Fachkräfte die in diesem Ablauf vorgesehene Fallbearbeitung völlig eigenständig durchführen, ergibt sich für sie die weitere Verpflichtung, die von den Eltern und den Kindern und Jugendlichen gegebenenfalls in Anspruch genommenen Hilfsangebote auch zu begleiten und auf ihre Wirksamkeit zu kontrollieren. Denn solange das Jugendamt nicht aktiv in den Fall involviert wird, ist es die Aufgabe der genannten Berufsgruppen, zu überprüfen, ob die Kindeswohlgefährdung durch die Hilfen abgewendet werden kann.

Hier reicht es oftmals sicher nicht, sich auf vage Zusagen der Eltern zu verlassen. Konkretes Nachhaken und Dranbleiben an Beratungsprozessen in entsprechenden Einrichtungen sind dringend erforderlich.

Rechnen Sie mit der Kooperation der Eltern

Vielleicht fragen Sie sich, warum Eltern gerade mit Ihnen kooperieren sollten. Aber viele Eltern werden die Kooperation mit Ihnen einer „Kooperation" mit dem Jugendamt, die ja die Alternative wäre, vorziehen, weil sie zumindest formal freiwillig ist. Auch wenn es nicht schön klingt, aber für viele Eltern sind Sie das „kleinere Übel".

Gestalten Sie rechtssichere Schweigepflichtentbindungen!

Zum Begleiten und Kontrollieren der Hilfsangebote müssen Sie sich von der Schweigepflicht entbinden lassen (siehe auch Kap. „Wann darf/muss ich wen informieren ...“). Eine solche Schweigepflichtentbindung sollte stets die folgenden Angaben enthalten, um rechtssicher zu sein:

Angaben zu den Eltern:
Hiermit entbinde ich ______________________ *(Vor- und Zuname)*
geboren am ______________________
wohnhaft in ______________________

Angaben zu Ihnen:
______________________ *(Vor- und Zuname)*

von ihrer Schweigepflicht entsprechend § 203 Strafgesetzbuch (StGB) gegenüber folgender Person:

Angaben zur Person, mit der gesprochen werden soll:
(Anrede, Vor- und Zuname)
(Berufliche Funktion)

Die Schweigepflichtentbindung bezieht sich auf den folgenden Zweck & Inhalt: (...)

Die Schweigepflichtentbindung gilt für folgenden Zeitraum: (...)

Ich erkläre mich damit einverstanden, dass sich die oben benannte Person über die erfolgte und geplante Betreuung meiner/unserer Familie/Lebensgemeinschaft bzw. meines/unseres Kindes hinsichtlich des oben benannten Zwecks und Inhalts mit der benannten Person beraten kann und diese ihr Auskunft erteilt. Mir ist bekannt, dass ich die Schweigepflichtentbindungserklärung freiwillig abgebe und diese von mir jederzeit widerrufen werden kann. Ich wurde ausführlich über Sinn und Zweck dieser Schweigepflichtentbindung sowie über die Folgen einer Verweigerung beraten.

(Unterschrift der Personensorgeberechtigten)

Die Abgabe dieser Schweigepflichtentbindung ist zwar formal freiwillig. Den Eltern muss aber mitgeteilt werden, dass bei Nicht-Erteilung der Schweigepflichtentbindung die Fachkraft verpflichtet ist, eine Meldung an das Jugendamt zu machen.

Auch das verändert die Rolle der genannten Berufsgruppen. Denn im Verständnis der Medizinalfachberufe sind ihre Leistungen freiwillige Angebote und ihre Arbeit mit Klienten ist grundsätzlich wertschätzend und offen.

Diese Rolle verändert sich insofern, da nun der Aspekt der Kontrolle hinzukommt. Dieser Rollenwechsel stellt eine große Herausforderung für die betroffenen Berufsgruppen dar (vgl. hierzu auch das Kap. „Definition und Umgang mit der eigenen Rolle als Kinderschutzfachkraft").

Eigenständiger Schutzauftrag

Es sind also in dieser Regelung – ähnlich wie bei den Regelungen des SGB VIII (s. o.) – Fälle denkbar, in denen z. B. ein Lehrer eine Kindeswohlgefährdung völlig eigenständig bearbeitet. Das fängt an mit der Wahrnehmung des ersten Verdachts, geht über diagnostische Gespräche mit den Eltern und deren Kindern, um den Verdacht zu verifizieren, beinhaltet das Einwirken auf die Eltern, entsprechende Hilfsangebote anzunehmen, und reicht bis zur Qualitätssicherung im Sinne einer Erfolgskontrolle der Wirksamkeit der Hilfsangebote, also der Beseitigung der Kindeswohlgefährdung. Das Jugendamt wäre in diesem Fall nicht aktiv in den Fall eingebunden. Lediglich im Rahmen der (pseudonymen) Beratung könnte das Jugendamt involviert sein.

Den Angehörigen der in § 4 Abs. 1 KKG genannten Berufsgruppen wurde somit ein weitreichender und eigenständiger Auftrag erteilt, das Wohl der Kinder und Jugendlichen zu schützen.

Dokumentieren Sie den gesamten Verlauf der Fallbearbeitung lückenlos!

Dokumentieren Sie lückenlos und genau, wie Sie vorgegangen sind. Dabei gibt es keine spezifischen Anforderungen an die Form.
Eine vollständige Dokumentation bietet Ihnen zum einen die Sicherheit, stets nachweisen zu können, was Sie getan haben, und dass Sie sich rechtlich und fachlich einwandfrei verhalten haben.
Zum anderen bietet sie eine hervorragende Grundlage für die Meldung an das Jugendamt, wenn diese später doch noch notwendig wird.

Informierung des Jugendamtes bei Erfolglosigkeit des eigenen Vorgehens

Erst wenn das beschriebene eigene Handeln erfolglos war, z.B. weil die Eltern nicht kooperationsbereit sind oder die aufgezeigten Hilfsangebote sich als nicht ausreichend wirksam erwiesen, müssen die Angehörigen der genannten Berufsgruppen das Jugendamt informieren.

Dazu ist es erforderlich, die Eltern des Kindes oder des Jugendlichen vorher über eine solche Meldung zu informieren, es sei denn, das Kind oder der Jugendliche käme dadurch in noch größere Gefahr.

Für die Meldung macht es Sinn, nach einer telefonischen Kontaktaufnahme mit dem Jugendamt einen persönlichen Termin zu vereinbaren, um dort die Wahrnehmungen und Erkenntnisse zu schildern.

Wer ist beim Jugendamt zuständig?

Es ist manchmal nicht einfach, die Zuständigkeit beim Jugendamt zu klären. In einem solchen Fall gilt zunächst: Zuständig ist das Jugendamt, in dessen Bezirk sich das Kind oder der Jugendliche tatsächlich aufhält, in der Regel also das Jugendamt am Wohnsitz des Kindes oder des Jugendlichen.
Rufen Sie bei der Telefonzentrale der Stadt- oder Kreisverwaltung an und sagen Sie, dass Sie mit der für Kinderschutzfälle zuständigen Fachkraft des Jugendamtes sprechen wollen, und nennen Sie die Anschrift des Kindes/des Jugendlichen. Auf diesem Weg sollten Sie am einfachsten ermitteln können, an wen Sie sich wenden können.

Ein persönliches Gespräch bietet deutlich mehr Möglichkeiten als eine rein schriftliche Meldung. Die Erkenntnisse und Ergebnisse des angewendeten Screening-Verfahrens können dafür eine gute Grundlage sein.

Folgende Aspekte sollten im Gespräch mit dem Jugendamt erörtert werden:

- Um welches Kind oder Jugendlichen geht es?
- Was ist über die Familie und die Familiengeschichte bekannt?
- Warum entstand der Verdacht auf eine Kindeswohlgefährdung?
- Welche Ergebnisse hat das Screening-Verfahren erbracht?
- Wie verlief das Elterngespräch?
- Welche Hilfsangebote wurden gemacht?
- Wurden die Hilfsangebote angenommen?
- Wie gestaltete sich der Hilfeverlauf?
- Warum erfolgt nun die Meldung an das Jugendamt?

Kein Ende des Schutzauftrages mit der Meldung an das Jugendamt

Sollte die Meldung an das Jugendamt erfolgt sein, endet damit nicht der Schutzauftrag der Fachkräfte. Es bleibt weiterhin ihre Aufgabe, das Kind oder den Jugendlichen zu beobachten und neue/veränderte Gefährdungsmerkmale wahrzunehmen und sich entsprechend des gesetzlichen Auftrags zu verhalten.

Signalisieren Sie dem Jugendamt auch über die Meldung hinaus Ihre Gesprächsbereitschaft

Sie sind als Fachkraft auch über die Meldung hinaus wichtiger Ansprechpartner für das Jugendamt, denn Sie kennen das Kind oder den Jugendlichen und die Problematik am besten. Bedenken Sie, dass das Jugendamt die Familie ggf. überhaupt noch nicht kennt.

Machen Sie auf jeden Fall eine schriftliche Meldung an das Jugendamt

Auch wenn Sie persönlich mit der Mitarbeiterin des Jugendamtes gesprochen haben, machen Sie zusätzlich eine schriftliche Meldung. Wenn Sie diese bereits zum Gespräch fertig haben, lassen Sie sich den Eingang dieser Meldung quittieren.
Andernfalls schicken Sie die Meldung (per Einschreiben) nach dem Gespräch an das Jugendamt. Nur so sind Sie in der Lage, nachzuweisen, dass Sie tatsächlich eine Meldung gemacht haben. Eine Meldung per E-Mail erzielt diese Rechtssicherheit nicht.

Bitten Sie das Jugendamt um ein Feedback

Es liegt im Interesse der meldenden Fachkräfte, vom Jugendamt zumindest grob zu erfahren, was deren weiteres Vorgehen erbracht hat. Aus Datenschutzgründen sind die Mitarbeiter der Jugendämter aber nicht dazu befugt, Ihnen Auskunft zu geben. Deshalb führt der offizielle Weg auch hier über eine Schweigepflichtentbindung durch die Eltern. Gelingt dies nicht, lässt sich hier oftmals aber eine Regelung „im Vertrauen" erzielen, da auch die Mitarbeiter der Jugendämter wissen, dass es für die meldenden Personen eher unbefriedigend, u. U. sogar belastend ist, nicht zu erfahren, wie der weitere Fallverlauf ist – zumal die Arbeit mit dem Kind oder Jugendlichen ja auch weitergehen kann.

Zusammenfassung der Verfahrensabläufe in Kinderschutzfällen

Der Gesetzgeber hat mit § 4 KKG ein sehr genaues Vorgehen vorgegeben.

Nach der Wahrnehmung des Verdachts auf eine Kindeswohlgefährdung bei einem Kind oder einem Jugendlichen folgt das genaue Screening dieses Verdachts. Es schließt sich das Gespräch mit dem Kind oder Jugendlichen und den Eltern an, um die Inanspruchnahme von Hilfsangeboten zu erreichen. Werden die Angebote angenommen, folgt die Begleitung und Kontrolle dieser Hilfen, bis eine Kindeswohlgefährdung nicht mehr vorliegt. Besteht eine unmittelbare und schwere Gefährdung für das Kind oder den Jugendlichen oder kooperieren die Eltern nicht oder wirken die Hilfsangebote nicht hinreichend, hat eine Meldung an das zuständige Jugendamt zu erfolgen.

Es sind in Fällen von Kindeswohlgefährdung also Fallverläufe denkbar, in denen eine erfolgreiche Intervention ohne jede Beteiligung des Jugendamtes erfolgt.

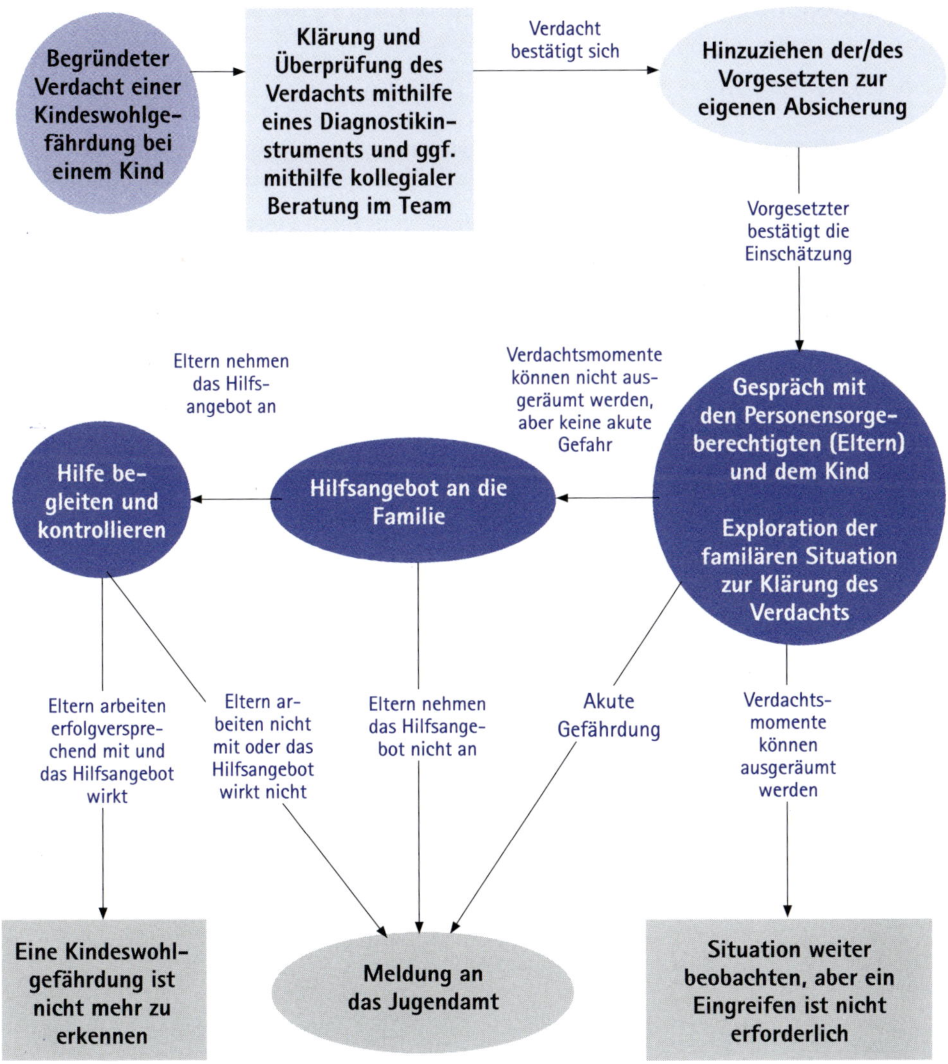

Abb. 9: Interventionsschema bei einer Kindeswohlgefährdung

Das gelingende Zusammenspiel aller Akteure zur Sicherstellung eines umfassenden Kinderschutzes

Es gilt der Leitsatz,

„Kinderschutz ist nur über Kommunikation möglich."

Aus diesem Grund müssen sich Kooperationsstrukturen zwischen den einzelnen Akteuren des psychosozialen Netzwerks herausbilden, die mit dem Thema Kinderschutz zu tun haben. Nur so ist es möglich, dass interdisziplinäre Verbindungen entstehen, die einen multiperspektivischen Blick auf das Kindeswohl im Einzelfall ermöglichen. Auch Entwicklungen und Trends im Gemeinwesen, wie neue psychosoziale Problemlagen, können so gemeinsam erkannt und konzeptionell aufgegriffen werden.

Folgende Akteure sollten in die Kooperationsstrukturen, die das Bundeskinderschutzgesetz in § 3 ausdrücklich fordert, eingebunden werden:

Jugendamt
Schulen
Kindertageseinrichtungen
Familienbildungseinrichtungen
Erziehungsberatungsstellen
Spezielle Beratungsstellen (Schwangerschaftskonfliktberatungsstellen, Migrationsberatungsstellen, Suchtberatungsstellen etc.)
Sozialpädiatrische Zentren
Frühförderstellen
Krankenhäuser
Niedergelassene Kinder- und Jugendärzte
Niedergelassene Physiotherapeutinnen und Physiotherapeuten, Ergotherapeutinnen und Ergotherapeuten und Logopädinnen und Logopäden
Niedergelassene Hebammen und Entbindungspfleger
Polizei- und Ordnungsbehörden
Familiengerichte

Federführend bei der Organisation solcher Netzwerkstrukturen sollte das örtliche Jugendamt sein.

Beachten Sie immer den Datenschutz!

Bei allen Kooperationen einzelner Akteure zu Einzelfällen im Kinderschutz gelten die im nachfolgenden Kapitel beschriebenen Datenschutzregeln.
Ohne Entbindung von der Schweigepflicht durch die Eltern sind keine Vernetzungen einzelner Akteure (z. B. Ergotherapeutin und Lehrerin) in Kinderschutzfällen möglich.

Vernetzen Sie sich!

Um in der beschriebenen Form mit anderen Akteuren aus dem psychosozialen Netzwerk zusammenarbeiten zu können, ist es hilfreich, sich bereits fallunabhängig mit diesen zu vernetzen. Denn wer sich kennt, kann besser kooperieren. Nutzen Sie hierzu bestehende Strukturen und bringen Sie sich in Stadtteilkonferenzen, Runde Tische und andere Gremien ein, um die Organisationen und vor allem die Akteure in Ihrem Gemeinwesen kennenzulernen.

Wann darf/muss ich wen informieren und wann darf/muss ich bei Dritten Informationen einholen? Die besondere Problematik des Datenschutzes in Fällen einer Kindeswohlgefährdung

Die Frage des Datenschutzes und der Schweigepflicht beschäftigt Fachkräfte in Fällen von Kindeswohlgefährdung immer stark, da sie befürchten, sich rechtswidrig zu verhalten.

Grundsätzlich verbietet § 203 Strafgesetzbuch Ärzten und Angehörigen anderer Heilberufe sowie Lehrern die Weitergabe von Informationen, die sie von Klienten erhalten haben.

§

Die ärztliche Schweigepflicht im Wortlaut des § 203 Strafgesetzbuch (StGB): Verletzung von Privatgeheimnissen

(1) Wer unbefugt ein fremdes Geheimnis, namentlich ein zum persönlichen Lebensbereich gehörendes Geheimnis oder ein Betriebs- oder Geschäftsgeheimnis, offenbart, das ihm als
1. Arzt, Zahnarzt, Tierarzt, Apotheker oder Angehörigen eines anderen Heilberufs, der für die Berufsausübung oder die Führung der Berufsbezeichnung eine staatlich geregelte Ausbildung erfordert,
(...)
anvertraut worden oder sonst bekanntgeworden ist, wird mit Freiheitsstrafe bis zu einem Jahr oder mit Geldstrafe bestraft.
(...)

§

Die Schweigepflicht für Lehrer im Wortlaut des § 203 Strafgesetzbuch (StGB): Verletzung von Privatgeheimnissen

(2) Ebenso wird bestraft, wer unbefugt ein fremdes Geheimnis, namentlich ein zum persönlichen Lebensbereich gehörendes Geheimnis oder ein Betriebs- oder Geschäftsgeheimnis, offenbart, das ihm als
(...)
für den öffentlichen Dienst besonders Verpflichteten,
(...)
anvertraut worden oder sonst bekanntgeworden ist.
(...)

Die Erhebung, Verarbeitung und Nutzung personenbezogener Daten, und darum geht es hier, ist nur zulässig, soweit es durch ein Gesetz erlaubt ist oder die Betroffenen die Erlaubnis erteilen.

Das ist auch gut so, denn bei allen hehren Zielen des Kinderschutzes geht es hier doch um höchst sensible Daten aus dem Privat-, wenn nicht gar Intimbereich der betroffenen Familien, mit denen man entsprechend vorsichtig und umsichtig umgehen muss. Nicht zuletzt stellt diese Verpflichtung zur Verschwiegenheit ja auch eine wichtige Grundlage des Arzt-/Therapeuten-Patienten-Verhältnisses bzw. des Lehrer-Eltern-Schüler-Verhältnisses dar, ohne die eine vertrauensvolle Zusammenarbeit unmöglich wäre.

Davon geht auch der § 4 KKG aus, was bedeutet, dass auch in Kinderschutzfällen die Datenschutzbestimmungen weiterhin gelten.

Daher dürfen Angehörige der genannten Berufsgruppen Informationen bei Dritten nur dann einholen, wenn sie von der Schweigepflicht entbunden sind. Sie brauchen also für Rücksprachen mit anderen Fachstellen, z. B. Beratungsstellen, Ärzten, Schulen oder Kindergärten, immer eine Erlaubnis der Eltern.

Das Gleiche gilt grundsätzlich auch für die Weitergabe von Informationen an Dritte. Fachkräfte der genannten Berufe brauchen auch für die Beantwortung von Anfragen von außen eine Erlaubnis der Eltern. Das gilt im Übrigen auch für Anfragen des Jugendamtes – auch wenn die Mitarbeiter der Jugendämter das gelegentlich anders sehen.

Damit erklärt sich auch die bereits beschriebene Form der pseudonymisierten Beratung durch das Jugendamt in § 4 Abs. 2 KKG.

Eine Ausnahme regelt § 4 Abs. 3 KKG. Dort ist geregelt, dass die bezeichneten Personengruppen das Jugendamt informieren können, wenn die eigenen Bemühungen, die Kindeswohlgefährdung abzuwenden, gescheitert sind.

Damit sind diese Fachkräfte dann auch von der Schweigepflicht entbunden. Das Gesetz sieht lediglich die Information der Eltern vor, dass nun eine Meldung an das Jugendamt erfolgt – und das auch nur, wenn sich dadurch die Situation des Kindes oder des Jugendlichen nicht verschlimmern würde.

Wobei die Befugnis zur Datenweitergabe auch de facto zu einer Verpflichtung werden kann. Dann nämlich, wenn die Nicht-Information – und damit das Verhindern von Schutzbemühungen des Jugendamtes – zu ernsthaften Konsequenzen für die Betroffenen führen kann. Exemplarisch sei hier eine Strafbarkeit im Sinne des § 323c StGB (Unterlassene Hilfeleistung) zu nennen.

Einen letzten Ausweg „aus diesem Datenschutzdilemma" in besonders vertrackten, insbesondere auch zeitlich angespannten Fällen des Kinderschutzes bietet § 34 StGB (Rechtfertigender Notstand).

Die Regelung im Wortlaut des § 34 StGB: Rechtfertigender Notstand

„Wer in einer gegenwärtigen, nicht anders abwendbaren Gefahr für Leben, Leib, Freiheit, Ehre, Eigentum oder ein anderes Rechtsgut eine Tat begeht, um die Gefahr von sich oder einem anderen abzuwenden, handelt nicht rechtswidrig, wenn bei Abwägung der widerstreitenden Interessen, namentlich der betroffenen Rechtsgüter und des Grades der ihnen drohenden Gefahren, das geschützte Interesse das beeinträchtigte wesentlich überwiegt. Dies gilt jedoch nur, soweit die Tat ein angemessenes Mittel ist, die Gefahr abzuwenden."

Denkbar wäre folgende Situation:

Beispiel

Fallbeispiel für einen Rechtfertigenden Notstand

Ein Kind (6 Jahre) kommt selbstständig in die logopädische Praxis. Während einer Behandlung wirkt das Kind sehr hungrig und fragt nach Essen. Der Logopädin erzählt es auf Nachfrage, dass es zu Hause seit 2 Tagen nichts zu essen bekommen habe. Aus der Anamnese weiß die Logopädin, dass es noch ein Neugeborenes im Haushalt gibt. Soll die Logopädin den Rettungsdienst und ggf. die Polizei informieren?

In diesem Fall greift der „Rechtfertigende Notstand", das heißt, die Logopädin bricht bewusst ihre Verpflichtung zur Verschwiegenheit, da sie damit eine Gefahr für Leib oder Leben eines anderen (des Säuglings) abwenden möchte. Selbst wenn sich ihre Vermutung als falsch herausstellen sollte, wird ihr Vorgehen nicht zu beanstanden sein.

Welche pädagogische Grundhaltung ist sinnvoll und hilfreich im Umgang mit Kindern und Jugendlichen, die (u. U.) Opfer von Kindeswohlgefährdungen sind?

Der Umgang mit möglicherweise missbrauchten, vernachlässigten oder misshandelten Kindern und Jugendlichen verunsichert Fachleute hinsichtlich der Frage, wie eine passende pädagogische Grundhaltung aussehen kann und welche Möglichkeiten der Gesprächsführung sich anbieten.

Hineinversetzen in das Kind

Hat die Fachkraft einen Verdacht auf eine Kindeswohlgefährdung, sollte sie zunächst einen Rollenwechsel vornehmen und sich in die Situation des Kindes oder des Jugendlichen hineinversetzen.

Es ist hilfreich, sich vorzustellen, in welcher Situation sich Kinder und Jugendliche befinden, die in komplizierte Konflikte verstrickt sind und misshandelt oder vernachlässigt werden.
Einerseits wollen diese Kinder und Jugendlichen, dass die Misshandlungen oder Vernachlässigungen aufhören, andererseits können sie sich gerade das nicht vorstellen und fühlen sich ohnmächtig und hilflos.
Nicht selten sind die betroffenen Kinder und Jugendlichen in sehr ungesunde Beziehungen zu den Eltern verwickelt und erfüllen deren Anforderungen, z. B. um geliebt zu werden. Häufig gestaltet sich die Beziehung zu den misshandelnden oder vernachlässigenden Eltern ambivalent – einerseits geprägt vom Bedürfnis, von den Eltern geliebt zu werden, andererseits erfüllt von großer Angst vor den Eltern. Nicht selten geben sich Kinder und Jugendliche selbst die Schuld an den Erfahrungen, die sie machen, sie machen sich quasi selbst zum Sündenbock. Gerade ältere Kinder oder Jugendliche schämen sich auch für das Erlebte.

Es ist auch zu berücksichtigen, dass die betroffenen Kinder und Jugendlichen häufig unter großem psychischen Druck stehen und Sprechverbote durch die Eltern auferlegt bekommen haben. Viele Betroffene werden daher nicht von sich aus und freimütig erzählen und misstrauen der Situation zunächst.

Ein empathisches Hineinversetzen in die betroffenen Kinder und Jugendlichen hilft, eine geeignete Grundhaltung zu entwickeln, um mit ihnen dann weiter über das Thema zu sprechen.

Gesprächsführung bei Verdacht einer Kindeswohlgefährdung

Bei einem Misshandlungsverdacht empfiehlt es sich, auch eine Einzelexploration durchzuführen, wenn das Kind oder der Jugendliche dazu schon alt genug ist. Dieses Gespräch sollte behutsam angegangen werden.

Wichtig ist, nur so viele Fragen zu stellen, wie unbedingt nötig sind. Betroffene reagieren mitunter abweisend auf allzu eindringliches Nachbohren.

Nutzen Sie bei der Exploration des Kindes oder des Jugendlichen Medien zur Unterstützung!

Nutzen Sie in den Gesprächen altersentsprechende Medien, um dem Kind oder dem Jugendlichen die Situation so leicht wie möglich zu machen und um auch nichtsprachliche Zugänge zu eröffnen:
Einen guten Zugang bieten:

- Bilderbücher
- Malbücher
- Rollenspiele mit Puppen oder Handspielpuppen
- Freies Malen
- Freies Gestalten mit Ton, Knete und anderen Materialien

Es ist nicht die Aufgabe der Fachkräfte, Detektiv zu spielen, um möglichst viele Details herauszuarbeiten.

Es sollten möglichst offene Fragen gestellt werden, die viel Freitext generieren, also die Kinder und Jugendlichen ins Erzählen bringen. Die Fragen sollten konkret und präzise formuliert werden, um ihnen Unsicherheiten zu nehmen.

Fachkräfte sollten mithilfe verbaler oder nonverbaler Signale zurückmelden, dass das Kind/der Jugendliche verstanden wird.

Negative Bemerkungen über die (ggf. misshandelnden oder vernachlässigenden) Eltern sind unter allen Umständen zu vermeiden, denn damit verstärken sich die ohnehin schon bestehenden Loyalitätskonflikte des Kindes oder des Jugendlichen und die Weiterarbeit kann erheblich beeinträchtigt werden. Fachkräfte sollten vor den betroffenen Kindern und Jugendlichen am besten eine eher neutrale Haltung gegenüber den Eltern zeigen. Innerlich hilft es, sich immer wieder zu vergegenwärtigen, dass die wenigsten Eltern ihre Kinder „gerne" oder aus Vorsatz misshandeln oder vernachlässigen, sondern meistens:

- Aufgrund unverarbeiteter eigener Misshandlungs- oder Vernachlässigungserfahrungen
- Aus erzieherischer Überforderung
- Aus Alternativlosigkeit
- Aufgrund psychischer Erkrankungen

Das Gespräch sollte ohne Zeitdruck geführt werden, denn betroffene Kinder oder Jugendliche sind oft langsam, sprunghaft oder emotional in solchen Gesprächen.

Machen Sie keine falschen Versprechungen!

Geben Sie betroffenen Kindern und Jugendlichen keine Versprechen, die Sie u. U. nicht halten können. Z. B. versprechen Sie nicht,

- dass Sie Informationen, die Sie bekommen werden, auf jeden Fall vertraulich behandeln werden (denn das dürfen Sie nicht!).
- dass dem Kind oder Jugendlichen auf jeden Fall geholfen wird (denn das liegt nicht völlig in Ihrer Macht!).

Grundlagen einer geeigneten Gesprächsführung und Beratung von Eltern bei Verdachtsfällen von Kindeswohlgefährdung

Das Gespräch mit Eltern, die in Verdacht stehen, ihre Kinder zu misshandeln oder zu vernachlässigen, stellt Fachkräfte vor besondere Herausforderungen.

Folgende Konfliktfelder werden in vielen Fällen deutlich:

- Es kommt zu einem Zusammenprallen des Auftrags der Fachkräfte, das Kindeswohl zu schützen, mit dem Bedürfnis der Eltern, sich zu verteidigen oder die Situation zu relativieren oder zu bagatellisieren.
- Die Fachkräfte treffen in diesen Situationen häufig auf überforderte, hilflose oder kranke Eltern. Es ist damit zu rechnen, dass diese Probleme eine Gesprächsführung sehr erschweren können.
- Die betroffenen Eltern spüren häufig überdeutlich, dass sich die Fachkraft stark mit dem Kind identifiziert, also vermeintlich auf der Seite des Kindes steht. Dies kann bei den Eltern eine Abwehrhaltung erzeugen. Gerade diese Abwehrhaltung ist aber zu vermeiden, denn sie verhindert innere Bereitschaft für Veränderungen (durch Hilfsangebote) aufseiten der Eltern.
- Betroffene Eltern haben mit anderen Helfersystemen häufig schon negative Ohnmachts- und Deklassierungserfahrungen gemacht, was die Kontaktaufnahme erschwert.

- Fachkräfte (die ja in aller Regel eher bürgerlichen Milieus entstammen) werden bei solchen Gesprächen (besonders im Rahmen von Hausbesuchen) mit anderen sozio-ökonomischen Milieus konfrontiert. Dies kann Unsicherheit bis hin zu Ekel erzeugen, was wiederum für einen Beratungskontakt absolut abträglich ist.

Was hilft im Umgang und in Gesprächen mit Eltern, die in Verdacht stehen, ihre Kinder zu misshandeln oder zu vernachlässigen?

Fachkräfte sollten:
- Eltern transparent über den gesetzlichen und berufsethischen Auftrag informieren, der den Bezugsrahmen solcher Gespräche darstellt.
- Mit Eltern ausführlich den Datenschutz und das Thema „Verschwiegenheit" thematisieren, um den Eltern Orientierung zu geben.
- Versuchen über biografische Zugänge ein tieferes Verständnis für die Eltern zu entwickeln – aber ohne sich in die Familie oder das Problem zu verstricken. Es darf in keinem Fall zu einer Überidentifikation im Sinne von Mitleid kommen.
- Die Eltern in die Risikoeinschätzung und -bewertung einbeziehen, um für größtmögliche Transparenz zu sorgen.
- Vorwürfe an die Eltern vermeiden, um keine Ab- und Gegenwehr zu erzeugen.
- Eltern gegenüber zurückhaltend mit Bewertungen und Interpretationen sein, um unnötige Diskussionen zu vermeiden.
- Bisherige Erfahrungen der Eltern mit Helfersystemen thematisieren und offenlegen.
- Zur Verbesserung der Situation gemeinsam mit den Eltern die erforderlichen Schritte erarbeiten, um Identifikation der Eltern mit den Zielen zu erreichen.
- Eigene Ressourcen der Eltern suchen und bei der Problemlösung nutzen, um deren Selbstwirksamkeit zu erhöhen.
- Mit klaren Vereinbarungen arbeiten und diese auch schriftlich fixieren, um Verbindlichkeit mit Eltern in Bezug auf Hilfeprozesse zu erzeugen.
- Eltern transparent über alle Verfahrensschritte informieren, um ihnen die Befürchtung des Agierens „hinter ihrem Rücken" zu nehmen.

Im Anschluss an die Elterngespräche, die zur Verifizierung der Verdachtsmomente auf eine Kindeswohlgefährdung geführt wurden, kann mit folgenden Reflexionsfragen überprüft werden, ob das Gespräch gelungen ist.
- Konnte sich die Fachkraft gemeinsam mit den Eltern auf eine Problemdefinition verständigen?
- Haben sich die Eltern (einigermaßen eigenmotiviert) zu einer Kooperation entschieden und sehen sie den möglichen Mehrwert von Hilfsangeboten?

Definition und Umgang mit der eigenen Rolle als Kinderschutzfachkraft

Inwieweit verändert sich in Kinderschutzfällen meine Rolle gegenüber den Kindern/Jugendlichen und Eltern im Verhältnis zu meiner gewohnten beruflichen Rolle?

Der Rollenwechsel, den die betroffenen Fachkräfte vollziehen müssen, kann als eine der größten Herausforderungen bei der Umsetzung der Anforderungen des neuen Bundeskinderschutzgesetzes gesehen werden.

Ärzte – ebenso wie die therapeutischen Berufe – stützen ihre Tätigkeit mit den Klienten auf die folgenden Prinzipien.

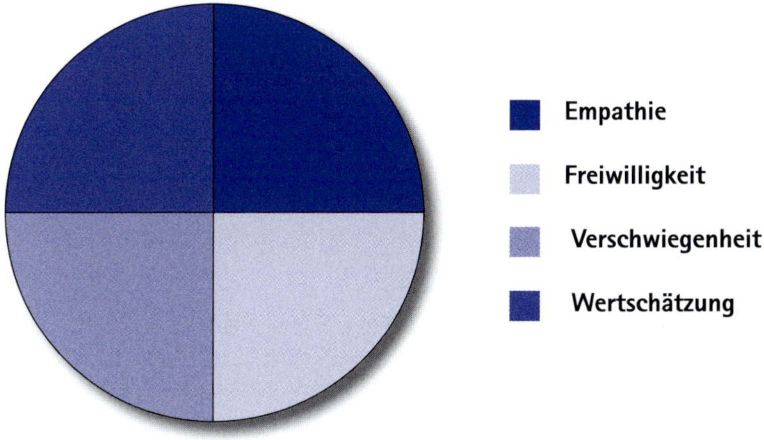

Bei Lehrern fällt das Prinzip „Freiwilligkeit" zwar meistens weg, die anderen gelten jedoch ebenfalls.

Die ersten beiden Prinzipien gelten natürlich auch in Kinderschutzfällen, allerdings in veränderter Form. Die Wertschätzung der Klienten ist eine wichtige Grundlage der Arbeit in Kinderschutzfällen. Allerdings wird es kaum möglich sein, die Misshandlungen von Eltern an ihren Kindern wertzuschätzen.

Die Empfehlung zur inneren Haltung in diesem Punkt lautet:

Ich wertschätze die Person der Mutter oder des Vaters, nicht aber die Taten der Misshandlung oder die Versäumnisse der Eltern, die zur Vernachlässigung führten.

Auch „Empathie" ist eine wichtige Haltung gegenüber Eltern in Kinderschutzfällen, allerdings erheblich schwieriger. Hier besteht die Aufgabe der Fachkräfte darin, den Eltern empathisch zu begegnen, um sie verstehen zu können und die Ursachen für ihr Handeln kennenzulernen, um so die Situation nachvollziehen zu können.

Die Empfehlung zur inneren Haltung gegenüber dem Prinzip der Empathie könnte heißen:

Ich fühle mich in die Eltern ein, um deren Verhalten verstehen zu lernen, ohne es zu akzeptieren, was eine wichtige Grundlage für jede Intervention ist.

Dabei ist aber auch klar, dass diese Rollenanforderung in manchen Fällen und Konstellationen an ihre Grenzen stößt, z. B. beim inzestuösen Missbrauch von Kindern und Jugendlichen. Dann geht es eher um die Fragen nach Abgrenzung und Psychohygiene.

Die Prinzipien „Freiwilligkeit" und „Vertraulichkeit" gelten in Kinderschutzfällen nicht mehr absolut:

Das Prinzip der Freiwilligkeit gilt – wie bereits ausgeführt – nur mittelbar, denn die Nicht-Kooperation der Eltern z. B. führt unweigerlich zu weiteren Schritten (z. B.: Meldung an das Jugendamt durch die Fachkraft). Insofern ist die Kooperation de jure freiwillig, de facto aber nicht unbedingt. Auch hier kann von einem Rollenwechsel gesprochen werden, indem Freiwilligkeit durch Aspekte wie Kontrolle und Führung der Eltern ersetzt oder zumindest ergänzt wird.

Der Umgang mit diesem Spannungsfeld könnte heißen:

Ich nehme meine veränderte Rolle an, mache Eltern gegenüber meine veränderte Rolle transparent und gehe offen mit dem Spannungsfeld von Freiwilligkeit und „Zwang" um.

Das Prinzip der Verschwiegenheit wird von medizinischen Berufen als geradezu konstitutiv für ihre Tätigkeit angesehen. Ausgerechnet dieses Prinzip wird nun in Kinderschutzfällen ausgehebelt und ins Gegenteil verkehrt, denn es existiert in Kinderschutzfällen unter bestimmten Bedingungen eine Meldepflicht an das Jugendamt. Eltern kann also in vorhergehenden Gesprächen keine Vertraulichkeit mehr zugesichert werden.

Diese große Herausforderung könnte so gelöst werden:

Ich mache den Eltern meine Verpflichtung zur Datenweitergabe in Kinderschutzfällen zum frühestmöglichen Zeitpunkt deutlich. Ich signalisiere auch, dass ich mit diesem Thema sensibel umgehe und die Eltern über die weitergegebenen Daten informiere.

Diese Merksätze sollen den Umgang mit der eigenen Rolle als Kinderschutzfachkraft erleichtern. Dennoch ist völlig klar, dass dieser Rollenwechsel in Kinderschutzfällen eine große Herausforderung bleibt. Es braucht viel Zeit, persönliche Reflexion, kollegialen Austausch und Fortbildung, um diese Rollenaspekte anzunehmen und in das eigene ärztliche und therapeutische Handeln zu integrieren.

Was hat das Thema Kinderschutz mit meiner eigenen Biografie zu tun? Anstöße zu Reflexionen eigener Erfahrungen mit Kindeswohlgefährdung

Es ist für Fachkräfte eine wichtige Grundlage professionellen Handelns, sich mit eigenen biografischen Erfahrungen, und in diesem Fall mit dem Thema Kinderschutz, auseinanderzusetzen.

Eine bewusste Reflexion der eigenen Gewalt- oder Vernachlässigungserfahrungen und ihrer Verarbeitung fördert den professionellen Umgang mit Kindeswohlgefährdung. Sie verhindert die „Überidentifikation" mit Kindern und Jugendlichen oder auch den Eltern und hilft beim Finden und Aufrechterhalten einer professionellen Haltung. Sie schützt letztlich auch die eigene Gesundheit in zum Teil hoch belastenden Kinderschutzfällen.

Mithilfe einer solchen Reflexion können eigene „heimliche Lehrpläne" und Vorurteile wahrgenommen und „blinde Flecken" erkannt werden. Wenn die Fachkraft eigene Misshandlungserfahrungen gemacht hat, könnten z. B. ihre eigenen Erfahrungen handlungsleitende Motive sein und weniger der professionelle Umgang mit dem Fall.

Wer sich mit seinen eigenen biografischen Erfahrungen auseinandergesetzt hat, ist besser in der Lage, die Erfahrungen anderer Menschen zu verstehen und angemessen zu beurteilen.

Folgende Fragen können helfen, einen solchen Reflexionsprozess zu beginnen:

- Habe ich Gewalterfahrungen während meiner eigenen Kindheit und Jugend in der Herkunftsfamilie gemacht? Durch meine Eltern? Durch Dritte?
- Welche dieser Erfahrungen habe ich noch nicht ausreichend intensiv oder ausreichend wirksam verarbeitet? Ich merke es daran, dass in entsprechenden Situationen in meiner Arbeit immer wieder Emotionen durchbrechen, die mich belasten oder unprofessionell werden lassen.
- Was kann ich tun, um diese Erfahrungen noch besser zu reflektieren, z. B. durch Coaching, Supervision, Intervision oder Psychotherapie?
- Wo und in welcher Form suche ich Hilfe und Unterstützung, wenn belastende Erfahrungen wieder aufbrechen und mich belasten?
- War ich schon einmal Opfer von Gewalt außerhalb der Herkunftsfamilie (z. B. im Freundes- oder Bekanntenkreis)? Sofern ich schon einmal Opfer von Gewalt gewesen bin: In welcher Weise habe ich die Gewalt verarbeitet? Halte ich diese Verarbeitung für ausreichend oder behindert mich das Erlebte bei meiner Arbeit in Kinderschutzfällen?
- Wie geht es mir, wenn ich mit einem misshandelten oder vernachlässigten Kind oder Jugendlichen konfrontiert werde? Welche Gefühle stehen bei mir in einer solchen Situation im Vordergrund (Hilflosigkeit, Angst, Wut, Traurigkeit)? Halte ich diese Gefühle für angemessen oder behindern und lähmen sie mich in meiner Arbeit als Kinderschutzfachkraft?
- Bin ich in der Lage, über diese Gefühle zu sprechen? Wer ist hierzu ein geeigneter Gesprächspartner/eine geeignete Gesprächspartnerin?
- Gegenüber welchen Formen von Gewalt oder Vernachlässigung bin ich besonders sensibel? Welche Formen von Gewalt oder Vernachlässigung kann ich nur schwer aushalten? Was mache ich, wenn ich mit genau dieser Situation konfrontiert werde? Wo bekomme ich Unterstützung?

Es ist völlig klar, dass diese Fragen nur einen ersten Impuls liefern können, sich biografisch mit den Themen „Misshandlung" und „Vernachlässigung" auseinanderzusetzen. Das ist bei entsprechend betroffenen Menschen ein langer und intensiver Prozess, der nicht selten professioneller Begleitung bedarf.

Wie schütze ich meine eigene psychische Gesundheit in Kinderschutzfällen? Zum Erkennen von und zum Umgang mit eigenen Belastungsgrenzen

Der Gesundheitsbereich und der Beruf des Lehrers gehören ohnehin schon zu den Hochrisikobereichen, was das Thema „Überlastung“ angeht.

Nicht selten führen aber gerade Kinderschutzfälle zu psychischen Belastungen und Überforderungen bis hin zum Ausgebranntsein.

Die Gründe sind:

- Konfrontation mit schlimmen kindlichen Schicksalen
- Druck, das Kindeswohl schützen zu müssen
- Hoher Eigenanspruch, das Kind schützen zu wollen
- Mangelnde Unterstützung von Kollegen
- Mangelnde Rückendeckung von Vorgesetzten
- Hoher Zeitdruck durch eine bereits hohe Arbeitsbelastung
- Wiederbelebung eigener belastender Erfahrungen

Wenn Fachkräfte eine solche Entwicklung wahrnehmen, sollten sie handeln.

Im Rahmen der „Sorgfaltspflicht des Arbeitgebers“ ist es dann die Aufgabe der Vorgesetzten, für eine Unterstützung und Entlastung der Fachkraft zu sorgen. Maßnahmen, die sich anbieten, sind:

- Coaching
- Supervision
- Fortbildung
- Kurzfristige Arbeitsentlastung
- Feedbackgespräche zu den Kinderschutzfällen
- Genehmigung von Kurzurlauben

Die Fachkräfte sollten aber auch selbst für eine entsprechende Entlastung sorgen.

Dazu bieten sich Maßnahmen im Arbeitsumfeld an:

- Kollegiale Beratung
- Fallbearbeitung in Kinderschutzfällen im 4-Augen-Prinzip (was im Übrigen auch fachlich sinnvoll ist)
- Kollegiale Entlastung in anderen Arbeitsbereichen

Aber auch sehr individuelle Maßnahmen im persönlichen Bereich der Fachkraft bieten nachgewiesenermaßen Entlastung. Fachkräfte in Kinderschutzfällen

- brauchen ein stärkendes und stützendes soziales Umfeld (Partner, Freunde etc.)
- sollten sich gezielte Ausgleichsmöglichkeiten (z. B. Sport, Entspannungsverfahren, Kunst- und Kulturangebote) suchen und diese regelmäßig nutzen
- sollten an Kinderschutzfällen niemals zu Hause arbeiten
- müssen nicht an Wochenenden oder im Urlaub erreichbar sein, dafür gibt es Notdienste
- können sich durch Fort- und Weiterbildung und durch die Lektüre von Fachliteratur zum Thema „Kinderschutz" stärken

... ganz nach dem Motto: „Zeit zum Ausruhen ist immer dann notwendig, wenn man keine Zeit dazu hat."

Und zuallerletzt gilt auch der traurige Satz:

„Nicht jedes Kind kann gerettet werden."

Das heißt, Fachkräfte müssen auch die Grenzen ihrer Handlungsmöglichkeiten erkennen und dann aushalten lernen, dass es so ist.

Fazit & Ausblick

Der Gesetzgeber hat die Rolle von Ärzten, Physiotherapeuten, Ergotherapeuten, Logopäden/Sprachtherapeuten und Lehrern beim Thema „Kinderschutz" mit erheblich mehr Verantwortung ausgestattet.

Dies bietet große Chancen, Kindern und Jugendlichen, die gefährdet sind, zu helfen. Dennoch stellt diese veränderte Rolle – verschobene Verantwortlichkeiten inbegriffen – Fachkräfte vor eine Reihe großer, teilweise im Moment nicht lösbarer Fragen, die nicht verschwiegen werden sollen:

Information	Woher erfahren die Fachkräfte überhaupt von diesem neuen Auftrag am Kinderschutz mitzuwirken?
Wissen	Warum ist das Thema in den Studiengängen und Ausbildungen sowie im Referendariat nicht umfassend implementiert und warum gibt es kaum Fortbildungsangebote zu diesem Thema?
Unterstützung	Woher bekommen die Fachkräfte (neben der fachlichen) auch emotionale Unterstützung, um mit diesen schwierigen Situationen umzugehen?
Finanzierung	Warum müssen die Fachkräfte all diese verantwortungsvollen Aufgaben unentgeltlich wahrnehmen?
Unterschiedliche Situationen	Warum wurden Regelungen geschaffen, die einheitlich sowohl für Fachkräfte in großen Krankenhäusern mit interdisziplinären Teams und z. T. mit Kinderschutzgruppen als auch für niedergelassene Therapeutinnen und Therapeuten in 1-Personen-Praxen gelten, ohne deren völlig unterschiedliche Wirklichkeiten zu berücksichtigen?

Um Fachkräfte aus dem medizinischen Bereich und Lehrer wirklich zu „festen Größen" im Handlungsfeld „Kinderschutz" zu machen, müssten diese Fragen zufriedenstellend beantwortet werden. Ansonsten fühlen sie sich mit der Aufgabe alleine gelassen und verunsichert.

Dennoch ist auf eine Veränderung im Rollen- und Problembewusstsein der Fachkräfte zu hoffen, denn die Chancen, den Kinderschutz über die Einbindung dieser Berufsgruppen zu verbessern, überwiegen alle anderen genannten skeptischen Aspekte.

Literatur- und Quellenverzeichnis

Literatur

BUSSMANN, K. D. (2002): Das Recht auf gewaltfreie Erziehung aus juristischer und empirischer Sicht. In: Familie – Partnerschaft – Recht, Heft 7, Seiten 289-293.

EGGERS, C. (1994): Seelische Misshandlung von Kindern. In: Der Kinderarzt, Heft 25, Seiten 748-755.

EGLE, U. T.; HOFFMANN, S. O. & JORASCHKY, P. (Hrsg.) (2005): Sexueller Missbrauch, Misshandlung, Vernachlässigung. Erkennung, Therapie und Prävention der Folgen früher Stresserfahrungen. 3. Aufl. Stuttgart: Schattauer.

HARNACH, V. (2011): Psychosoziale Diagnostik in der Jugendhilfe: Grundlagen und Methoden für Hilfeplan, Bericht und Stellungnahme. (Soziale Dienste und Verwaltung). 6. Aufl. Weinheim: Juventa.

HÄUSER, W.; SCHMUTZER, G.; BRÄHLER, E. & GLAESMER, H. (2011): Misshandlungen in Kindheit und Jugend. Ergebnisse einer Umfrage in einer repräsentativen Stichprobe der deutschen Bevölkerung. In: Deutsches Ärzteblatt, Heft 17, Seiten 287-294.

INSTIUTUT FÜR SOZIALE ARBEIT (Hrsg.) (2006): Der Schutzauftrag bei Kindeswohlgefährdung – Arbeitshilfe zur Kooperation zwischen Jugendamt und Trägern der freien Kinder- und Jugendhilfe. Eigenverlag, Münster.

KINDLER, H.; LILLIG, S.; BLÜML, H.; MEYSEN, T. & WERNER, A. (Hrsg.) (2006): Handbuch Kindeswohlgefährdung nach § 1666 BGB und Allgemeiner Sozialer Dienst (ASD). München: Deutsches Jugendinstitut e. V. kostenlos zu beziehen unter http://db.dji.de/asd/ASD_Handbuch_Gesamt.pdf

Empfohlene Onlineressourcen

Ein kostenloses Grundlagenwerk zum Download, auch eher für den Bereich der Jugendhilfe geschrieben:
KINDERSCHUTZZENTRUM BERLIN (Hrsg.) (2009): Kindeswohlgefährdung – Erkennen und Helfen. Berlin, 11. Aufl.; kostenlos zu beziehen unter:
http://www.kinderschutz-zentrum-berlin.de/publikationen.php

Online finden sich zahlreiche gute Informationen auf den Seiten des „Nationalen Zentrums für Frühe Hilfen" unter: **http://www.fruehehilfen.de/**

oder auch mittels der Suchfunktion auf der Seite der Bundesärztekammer unter: **http://www.bundesaerztekammer.de/**